ワークシ

JN069721

1 私たちは、ワークショップをすべての参加者に意義あるものとなるようにデザインします。

2 私たちは、常に新しいワークショップの可能性を探ります。

3 私たちは、ワクワクする心を常に忘れず、新しいワークショップを生み出します。

4 私たちはワークショップで、答えのない課題に取り組みます。

5 私たちはワークショップで、人々が共創できる社会づくりに貢献します。

松場 俊夫 （まつば・としお）

NPO法人コーチ道 代表理事
組織人事コンサルタント／ファシリテーター

- MBTI認定ユーザー
- CRR Global認定
  組織と関係性のためのシステムコーチ（ORSCC）

関西学院大学商学部卒業後、（株）リクルート入社。就職情報誌、旅行情報誌におけるコンサルティング営業に従事。退職後、アメリカンフットボールのプロコーチとして、日本選手権で5度優勝を経験。2007年W杯日本代表コーチにも選出。現在、企業やスポーツの領域で講師・ファシリテーターとして、5万人以上に研修やワークショップを実施。「人はなかなか変わらないけれど、変わるときは一瞬である」。その瞬間に立ち会うことが何よりも楽しみで、「人の成長」に関わることがライフワーク。

東 嗣了 （あずま・ひであき）

（株）SYSTEMIC CHANGE 代表取締役
CRR Global Japan Ltd.共同代表／
ファカルティメンバー
リーダーシップコンサルタント／組織変革コーチ

- CRR Global認定
  組織と関係性のためのシステムコーチ（ORSCC）
- ビガーゲーム　公認ファシリテーター
- 2030 SDGs 公認ファシリテーター

米ウィラメット大学アトキンソン経営学大学院卒（MBA）、アリゾナ州立大学院サステナビリティ・リーダーシップ学エグゼクティブ修士。これまで400社、3万人以上を対象に、人と組織の本質的な変化・変革を支援。左脳的なロジックと右脳的な感性をバランスよく取り入れることが強み。日本におけるサステナビリティ・リーダーの育成に情熱を注ぐ。バイオミミクリー（自然の叡智から学ぶイノベーション）の世界的な研究機関で資格取得中。ニュージーランドにて人生をリデザインするリトリートも毎年開催。

の案内人たち

新しいアイデアや発見につながるワークショップの世界を楽しみましょう！

広江 朋紀（ひろえ・とものり）

（株）リンクイベントプロデュース
組織開発コンサルタント／ファシリテーター

- CRR Global 認定
  組織と関係性のためのシステムコーチ（ORSCC）
- 米国CTI 認定
  プロフェッショナル・コーアクティブ・コーチ（CPCC）

産業能率大学大学院卒（城戸研究室／組織行動論専攻／ MBA）。出版社勤務を経て、2002 年に（株）リンクアンドモチベーション入社。HR 領域のスペシャリストとして、採用、育成、キャリア支援、風土改革に約 20 年従事し、講師・ファシリテーターとして、上場企業を中心に 1 万 5000 時間を超える研修やワークショップの登壇実績を持つ。参加者が本気になる場づくりは、マジックと呼ばれるほど定評があり、「場が変わり、人がいきいき動き出す瞬間」がたまらなく好き。育休 2 回、3 児の父の顔も持つ。

児浦 良裕（こうら・よしひろ）

聖学院中学校・高等学校
広報部長／21教育企画部長／国際教育部長
21世紀型教育機構 教育研究センター 主任
教育プロデュース／
学校マーケティングコンサルタント

- レゴ®シリアスプレイ®メソッド・教材活用
  トレーニング修了認定ファシリテーター

東京理科大学理学部第一部数学科卒業。（株）ベネッセコーポレーションで 16 年、営業、商品開発、マネジメント職に従事し、中高教諭に転職して 6 年目。担当教科は数学・情報。学校のマーケティングや、新しいグローバル教育、STEAM 教育をプロデュースしている。教育モットーは「井の中の賜物、大海に出る」で、社会と生徒とをつなぐ教育を大切にしている。2016 年 9 月、フジテレビ「ユアタイム」で授業を取材され、全国に放映。また、レゴを使った思考力入試（聖学院中学入試）が各種メディア等で取り上げられている。

GUIDES

目次

Part 1 アイスブレイク編

Part 2 ベーシック編

Part 3　アドバンスト編

Part 4   リフレクション編

Part 5   Q&A

ワークショップ探検部ミーティング

本書の使い方

　本書では、誰でもいますぐワークショップを実践できるように、各プログラムについて、あらかじめ準備しておきたいものから具体的な手順まで、詳しく解説しています。また、アレンジする方法も載せているので、目的に合わせて活用してください。なお、本書ではワークショップを「WS」と表記しています。

WS の通し番号です。本文中は、WS02 と記載しています。

体のアイコンは体を使う WS、頭のアイコンは頭を使う WS を表しています。

目安としての所要時間を示しています。

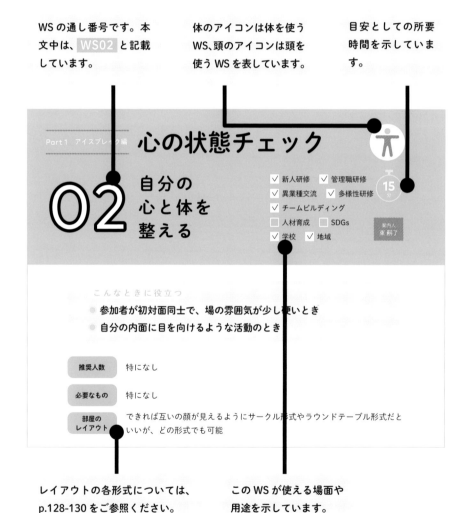

Part1　アイスブレイク編

心の状態チェック

02

自分の心と体を整える

☑ 新人研修　☑ 管理職研修
☑ 異業種交流　☑ 多様性研修
☑ チームビルディング
☐ 人材育成　☐ SDGs
☑ 学校　☐ 地域

案内人
東 前了

15 分

こんなときに役立つ

- 参加者が初対面同士で、場の雰囲気が少し硬いとき
- 自分の内面に目を向けるような活動のとき

推奨人数	特になし
必要なもの	特になし
部屋のレイアウト	できれば互いの顔が見えるようにサークル形式やラウンドテーブル形式だといいが、どの形式でも可能

レイアウトの各形式については、p.128-130 をご参照ください。

この WS が使える場面や用途を示しています。

Part

1

アイス
ブレイク編

本題に飛び込む前に、
まずは場を温めましょう。
自己紹介するものから頭と体をほぐすものまで、
選りすぐりの4点をご紹介します。

Part1 アイスブレイク編

氏名と使命

01

互いをもっと 深く知る 自己紹介

- ✓ 新人研修　✓ 管理職研修
- ✓ 異業種交流　✓ 多様性研修
- ✓ チームビルディング
- ☐ 人材育成　☐ SDGs
- ✓ 学校　✓ 地域

30分

案内人
広江 朋紀

こんなときに役立つ

- 年齢や階層を超えて交流をうながしたいとき
- チームメンバーの新たな一面を引き出したいとき

推奨人数	習字道具を準備するため15人程度が好ましいが、筆ペンを使うなら何人でも可能
必要なもの	習字道具（難しければ筆ペン）、小さめの色紙 x 人数分
部屋の レイアウト	サークル形式で中央に作業台を置くか、バズ形式やアイランド形式で前方に作業台を置く

WORKSHOP

1　「今日は自己紹介をする前に、まずみなさんのお名前を1人ずつ筆で書いていただきたいと思います。下の名前だけを、筆で色紙に書いてください」

習字道具を用意しておき、1人ずつ色紙に名前を書いてもらう。名字は書かず、下の名前だけ。全員が書き終えたら一度席に戻ってもらう。全員がスムーズに書けるようにファシリテーターはサポートする。人数が多ければ習字道具を複数用意するといい。

2　「みなさん書けましたか？　名前は一人ひとりに与えられた大切なものですよね。それでは1人ずつお名前の色紙を持って、ぜひ名前の由来をシェアしてください」

1人ずつ色紙をほかの参加者に見せながら、名前の由来を1～2分で語ってもらう。順番にスムーズに発表できるように、ファシリテーターはサポートする。人数が多い場合は、グループに分かれてその中で発表してもらうといい。話を共有してもらったら、その都度拍手する。

CLOSING
3 「みなさんの名前には、一つひとつ思いが込められているのが伝わってきました
ね。氏名は、その人の『使命』でもあります。氏名には由来があり、その由来
にはさまざまな祈りや願いが込められています。祈りは「意乗り」に通じ、そ
の意に乗ることで大願が成就されるといいます。だから親は子に、願いを込め
て名前をつけるんですね。今日は、その特別な思いが込められた名前を大事に
して、WSの間は『○○さん』と下の名前で呼び合ってみましょう」

このWSの
ねらい

「普段の生活で、硯（すずり）と筆で文字を書くことはあまりないでしょう。だから
こそ、こうして書いた名前には、より一層強い思いが込められます。いつ
もは何気なく名字や役職で呼び合っている間柄でも、改めて名前の由来に
触れることでその人の背景にある家族や周囲の人々の気持ちまで見え
てきます。WSの間だけでも、その名前をお互いに大事にしながらファー
ストネームで呼び合うと、信頼感も深まりますね」

アレンジ！

●社内教育の一環として、自社のブランドや理念の重要性を伝えるためのアイスブ
レイクにも使えます。まずは、ブランド（Brand）の語源が「Burn（焼く）」にあ
るとされ、自分が所有する牛が遠くからでも一瞬で識別できるように独自の焼き
印を押すことを意味するようになったと説明。企業にとってブランドとは、「自社
らしさ」や「競合との違い」を示し、顧客から選ばれるために必要ですが、個人
にも「名前」という大切なブランドがあることを伝えます。その由来を少人数グ
ループで話してみましょう。

身につくスキル

● コミュニケーション　● 信頼関係　● チームワーク

心の状態チェック

02 自分の 心と体を 整える

- ☑ 新人研修　　☑ 管理職研修
- ☑ 異業種交流　☑ 多様性研修
- ☑ チームビルディング
- ☐ 人材育成　　☐ SDGs
- ☑ 学校　　　☑ 地域

案内人
東 嗣了

こんなときに役立つ

● 参加者が初対面同士で、場の雰囲気が少し硬いとき

● 自分の内面に目を向けるような活動のとき

推奨人数	特になし
必要なもの	特になし
部屋の レイアウト	できれば互いの顔が見えるようにサークル形式やラウンドテーブル形式だといいが、どの形式でも可能

WORKSHOP

1　「それでは、これからいまの自分の状態に少し気持ちを向けていただきたいと思います。まず、静かに自分のいまの体の状態に意識を向けてみてください」

寝不足、肩が凝っている、頭痛がする、なんだか体が朝から軽い、頭がスッキリしている……などファシリテーターが例を挙げてみてもいい。なるべく静かな状態で。30秒ほどタイムキープ。

2　「さらに、今度は自分の心の状態にも静かに意識を向けてみてください」

落ち着かない、不安なことがある、ウキウキする、ワクワクする、イライラする……。負の感情でもよいと伝えると、安心して自分に向き合える雰囲気が生まれる。30秒ほどタイムキープ。

3　「ありがとうございました。では、みなさんのいまの心と体の状態を親指で表してみましょう。状態がいいという人は親指を上に、あまりよくないという人は親指を下に向けてください。『まあまあ』とか『中間ぐらいかな』という人は途

中の状態にしてもかまいません。指を自分のバロメーターにしてみましょう。せーの！」

ファシリテーターは手をグーにして親指を上や下に向けたり、バロメーターのように回したりして、見本を示しながら説明する。かけ声とともに全員に手を前に出してやってもらう。すると、参加者は自然とお互いの様子をチェックするなど反応を示す。

4 「なぜその状態を示したのか、理由を隣の人と少し話してみてください」

ファシリテーターは、2〜3分ほど参加者が互いに理由を話し合う時間をとる。隣の人と組みづらそうな様子であれば、間を取り持ってスムーズにいくようにうながす。

5 「いまペアで話したことを、ぜひ何人か全体に向けて共有していただけますか？この場で出しておきたい声があればどうぞ」

自ら手を挙げる人や話したいことがありそうな人がいれば、何人か順番に発表してもらう。誰もいなさそうであれば、何人か指名してもいい。自由に発言しやすい雰囲気をつくる。

CLOSING
6 「ありがとうございました。不安な思いを抱えていたり大変な状況にあったりする中来てくださった方もいれば、楽しみにしてくださっている方もいましたね。今日のWSの中でもぜひ自分の思いや声に耳を澄ませて、こうして表現していただけるとうれしいです」

このWSの
ねらい

「『実は子どもが熱を出していて心配』『本当は来たくなかったのに上司に行けと言われた』など、それぞれいろいろな思いを秘めて参加しています。WSで大事なことは、一人ひとりが『ここにいていいんだ』『小さな声でも出していいんだ』という安心安全の場をつくることです。まずは指を出して体で表現することで、言語化する前のワンクッションとなり、その後も話しやすくなります。ファシリテーターとしても、全体の雰囲気がつかめるタイミングでもありますね」

アレンジ！

● 隣の人と思いを共有した後は、グループをつくってその中で共有してみてもいいですね。また、最初に話した隣の人が他己紹介というかたちで、その人の状況をグループに説明してあげてもいいかと思います。

身につくスキル

● 内省力　　● 信頼関係　　● 傾聴力

忍者伝言の術

03

体を使った ゲームで 伝達を学ぶ

- [✓] 新人研修　　[ ] 管理職研修
- [✓] 異業種交流　[✓] 多様性研修
- [✓] チームビルディング
- [ ] 人材育成　　[ ] SDGs
- [✓] 学校　　　　[✓] 地域

20 分

案内人
児浦 良裕

こんなときに役立つ

- ● 参加者が初対面同士で、場の雰囲気が少し硬いとき
- ● 言葉をあまり使わずに交流を図りたいとき

推奨人数	1 チーム 4 ～ 8 人程度
必要なもの	人数分より多めの紙（A4 など）、マジック×人数分、ベル（時間を知らせるため。別のものでも OK）
部屋の レイアウト	机などを端に動かし、各チームが縦 1 列に並べるくらいのスペースを確保する

WORKSHOP

1　「今日はみなさんに忍者の術を体得してもらいましょう。忍者は、現代でいうとスパイのようなもので、情報収集と伝達が主な役割でした。今日は忍者になったつもりで、言葉を使わず仲間に伝える練習をしましょう。ルールは、私がチームの先頭に伝えたお題の言葉を、一番後ろの人まで順々に言葉を使わずに伝えることです」

事前にお題の言葉を考えておく。チームごとに 1 列に並び、先頭の人以外は後ろを向く。全員に紙とペンを配る。立ったままならクリップボードなどがあると書きやすい。

2　「では、お題の言葉を絵に描いて、自分の後ろの人に伝えていってください。絵を見せるのは自分の次の人だけ。声を出したり、文字を書いたりするのは NGですよ。下手でもかまわないので、絵で描いてください。1 人 30 秒です。ベルが鳴ったら 10 秒間見せて、また次のベルを合図に絵を見た人が描き始めてください。では、先頭の人に言葉を伝えるので、『スタート』と言うまでは内緒です

よ。最後の人は、回答の絵と言葉を描いたら合図するまで見せないでおいてくださいね」

先頭の人にこっそりお題の言葉を教える。「キック」「ジャンプ」「寝る」など動作を表す言葉だと伝えやすい。「考える」や「だます」などあいまいな概念は中上級者向け。

3 「(各チームに伝え終わったら)それでは、スタート!」

ファシリテーターはタイムキープし、制限時間が来るたびにベルを鳴らして知らせる。先頭の人が描く(30秒)→先頭の人が次の人に絵を見せる(10秒)→次の人が絵を描く(30秒)→次の人がその後ろの人に絵を見せる(10秒)……と順に続いていく。

4 「では答え合わせです。最後の人、紙を高く掲げてください。先頭の人と答え合わせしましょう。先頭の人は『せーの』で紙を上げます。せーの!」

最後の人と先頭の人に絵を掲げてもらい、見比べてみる。答えが違っていた場合、どのあたりから間違って伝わったか、ファシリテーターが聞いて回るとなおいい。

CLOSING
5 「答えは『〇〇』でした! みなさんちゃんと伝えて、立派な忍者になれましたか? 言葉を使わなくても、絵、表情、動作などでお互いに伝えることはできますよね。これからのWSの中でも、さまざまな手段を用いてお互いに考えや思いを伝えるということを大事にしていきましょう」

このWSのねらい

「"伝える"というと、つい言葉に依存しがちですが、絵、ジェスチャー、レゴ、粘土など、非言語ツールに変換して伝えることで、新たな学びを見つけることができます。話し合いや発表でも、つい言葉に頼りすぎてしまい、逆に伝わりづらかったりする場合もありますよね。ほかにも、ICTを活用したり、劇や動画制作を通して言葉ではなく"ストーリー"を伝えたりと、ツールを取り入れることで幅を広げることができますね」

アレンジ!
● 今度はジェスチャーでやってみましょう。お題は、動物やアクションがいいですね。30秒ずつ次の人にジェスチャーを見せ、ほかの人は見ないように後ろを向いていれば大丈夫。鳴き声や言葉を使わず伝言していきます。

身につくスキル

● コミュニケーション ● チームワーク ● 創造力

サークルジャンプ

04 手をつないで 結束を 固める

✓ 新人研修	☐ 管理職研修
✓ 異業種交流	☐ 多様性研修
✓ チームビルディング	
☐ 人材育成	☐ SDGs
✓ 学校	✓ 地域

20分

案内人
松場 俊夫

こんなときに役立つ

◎ 参加者が初対面同士で、場の雰囲気が少し硬いとき

◎ 早朝だったり頭を使う作業が続いたりして、体を動かしたいとき

推奨人数	1チーム4〜8人程度
必要なもの	特になし
部屋の レイアウト	動き回れるように机などを端に寄せ、広いスペースを確保する

WORKSHOP

1　「それではみなさん、チームごとに手をつないで円をつくってください。例えば、私が『右』と言ったら、みんなで復唱して『右』と言いながら右にジャンプしてください。怪我しないように軽くジャンプすればいいですからね。では一斉にいきますよ！」

チームで円になり手をつなぐ。1つ目のルールでは、ファシリテーターが言った方向を全員で復唱し、その方向にジャンプ。同様に、左や前後への指示＆ジャンプを繰り返す。

2　「これは簡単にできましたね！　次は、私が言ったのと反対の方向を言いながら、みなさんが言った方向にジャンプしてください。例えば、私が『右』と言ったら、全員『左』と言いながら、左にジャンプ。では、一斉にいきます！」

慣れてきたら、2つ目のルールへ。次は、ファシリテーターが言ったのと反対の方向を全員で復唱し、自分たちが言った方向にジャンプ。同様に、左や前後への指示＆ジャンプを繰り返す。

3
「みなさんこれもお上手でしたね。それでは次は、私が言った方向を復唱しながら、みなさんが言ったのと反対の方向へ飛んでください。例えば、私が『右』と言ったら、全員『右』と言いながら、左にジャンプ。では、一斉にいきます！」

慣れてきたら、3つ目のルールへ。次は、ファシリテーターが言った方向を全員で復唱し、自分たちが言ったのと反対の方向にジャンプ。同様に、左や前後への指示＆ジャンプを繰り返す。

4
「さあ、難易度が上がりますよ。最後は、私が言ったのと反対の方向を言いながら、みなさんが言ったのと逆の方向へ飛んでください。例えば、私が『右』と言ったら、全員『左』と言いながら、右にジャンプ。これはチームごとにいきますね。まずは○チームから！」

1チームずつ、ファシリテーターが言ったのと反対の方向を全員で復唱し、自分たちが言ったのと反対の方向にジャンプ。同様に、左や前後への指示＆ジャンプを繰り返す。

CLOSING
5
「すっかり体が温まり、チーム内の結束力も強まりましたね！」

このWSのねらい

「3つ目のルールのあたりから、混乱する人が出てくるでしょう。特に、最後のルールでは反対に飛んでしまったり、言う方向がわからなくなってしまったり。自然と笑いが起こり、場の雰囲気が温まります。4つ目のルールは、チームごとにやったほうが全体で盛り上がります。頭を使う作業が続いた後や朝一番でまだ頭が起きていないときにやると、体を動かすことで空気が変わり、集中力も上がります。手をつなぐことで、チーム内の心理的な距離も縮まります」

アレンジ！
●各チームの人数や編成を変えて、新たなメンバーでもう一度やってみてもいいでしょう。

身につくスキル

● コミュニケーション　● 信頼関係　● チームワーク

最初に場を温めることが欠かせないワケ

WSの冒頭には、必ずといっていいほど「アイスブレイク」を準備しています。ただの自己紹介ではなく、WS01 ～ WS04 のように、**そのときの参加者の構成、WSの目的、行われる場所などをふまえ、毎回異なるアイスブレイクを用意する**ファシリテーターも多くいます。

本書の執筆者、ワークショップ探検部のメンバーはまさに毎回の参加者や目的によって、どんなアイスブレイクにするか事前によく練り、準備をしています。ですから、今回紹介した4つのアイスブレイクは一部の例に過ぎません。

アイスブレイクとは言葉の通り、氷を割るかのように、**ピンと張った空気を壊し、参加者の緊張をほぐす役割**があります。

私たちファシリテーターは、WSを行う際には参加者が思ったことを話したり表現したりできるよう「**安心安全の場をつくる**」ということを、常に最優先にしています。アイスブレイクで気分をほぐすことで、「参加者の心理的安全性を担保していますよ」というメッセージが伝わるのです。

WS01 の自己紹介のように言葉を使うものはもちろんのこと、WS04 のサークルジャンプのように体を使うものでも、参加者はいつの間にか声を出すことになり、それがこの日のプログラムで発する第一声となります。

発表というようなかしこまったかたちではなく、**自然と全員が声を出すという体験によって、その後のWSで発言しやすくなる心理的な解放効果が生まれます。**

さらにアイスブレイクでは、難しいことを考えずにまずは楽しんでもらうことを大事にします。純粋に楽しいという気持ちを抱いたままその後のWSに臨むことで、積極的な参加も期待できますよね。

全員が参加できるアイスブレイクを行うことで、互いを知り、互いを受け入れる。そうして**相互理解が進み、自分の居場所もできるのです。**

逆に、アイスブレイクをしないまま WS や研修に突入すると、場の雰囲気はさらに凍りつき、緊張感が生まれるでしょう。お互いがどんな人だかわからないので、参加者は様子見の時間が長くなり、発言しにくくなります。また、自分の居場所がないように感じ、居心地が悪い状態ができあがってしまいます。

　私は、企業での WS 以外にも、卓球、柔道、アーチェリーなど、日本代表をはじめとしたさまざまなスポーツ選手たちに WS を用いてきました。
　そんなときにもアイスブレイクは重要で、楽しむ気持ちを持ってもらうためにも、あえて本人たちの専門とは異なるスポーツの要素を取り入れることもあります。
　例えば、柔道の日本代表チームでチームビルディングの WS を行ったときには、フラフープリレーを導入しました。体重別で試合に挑む柔道では、同じ日本代表でも体格の差は大きいのですが、そんな彼らが手をつないで円になり、手を離さないままフラフープをくぐって隣の人に回していくのです。
　柔道では、重量級のほうが強い＝すごい、となりがちなのですが、そうした上下関係の思考を取り除きたかったので、あえてこのアイスブレイクを選びました。想像がつくかと思いますが、フラフープに体を通すのは、小柄なほうが有利です。お互いに助け合いながら、そして笑いが生まれながらのフラフープリレーは、そうした体格の差への心理的壁を崩すのに役立ちました。

　このようにして、WS で心理的障害となりがちな上司と部下の関係性や、知識やスキルの差などを、最初の段階でできるだけ参加者のマインドから排除します。こうした**フラットな関係をつくっていくうえでも、アイスブレイクは非常に重要**なのです。

Part

2

ベーシック編

ワークショップと聞いて
すぐ頭に浮かぶのは、
ブレインストーミングやチームビルディング。
そんなベーシックな用途の
プログラムを集めました。

協働オブジェ制作

05

理想の
チームを
考える

☑ 新人研修　☑ 管理職研修
☐ 異業種交流　☑ 多様性研修
☑ チームビルディング
☐ 人材育成　☐ SDGs
☑ 学校　☑ 地域

60分

案内人
松場 俊夫

こんなときに役立つ

● **新しいチームでプロジェクトをスタートするとき**
● **チームの関係性がうまくいっていないとき**

推奨人数	1チーム4〜6人程度
必要なもの	粘土×人数分、粘土板（紙でもOK）×人数分、手拭き／手が洗える場所
部屋の レイアウト	チームごとにアイランド形式。作業できる机が必要

WORKSHOP

① 「みなさんに1袋ずつ粘土をお配りしました。今日は、**理想のチームを粘土で作っ
てみましょう**。まずは個人で、一人ひとりが思う理想のチームとはどんなか
たちなのか、10〜15分で粘土を使って表現してみてください」

1人ずつ作業できるように、粘土と、粘土板か下に敷く紙を配っておく。カラー粘土や
小麦粉粘土など、あまり手がベトベトにならないもののほうが扱いやすい。互いに会話
しながらでもかまわないので、自由に作ってもらう時間にする。ファシリテーターは
10〜15分ほどタイムキープ。

② 「できましたか？　それではそれぞれの作品のストーリーを、1人ずつ順番にチー
ム内でお話ししてください。1人2〜3分くらいでどうぞ」

「なぜそのかたちなのか」「何を表現しているのか」など、順番に話してもらう。話し
づらそうであれば、誰からスタートするかなどファシリテーターがサポートするとい
い。ファシリテーターは、2〜3分くらいで話し手が交代するようにタイムキープ。

3 「今度は、チームみんなで 1 つの作品にしてみましょう。個人の価値観や思いを大切にしながら、合体させたり、新たに付け加えたりしながら、メンバーが理想とするチーム像を示す 1 つの作品にしてみてください。20 ～ 30 分差し上げます」

チーム内で作品を 1 つにまとめられるように大きめの紙か台を用意しておく。どのようにくっつけても並べても OK なので、メンバーの作品を活かし合えるようにファシリテーターはサポートしつつ、20 ～ 30 分タイムキープする。

4 「それでは、みなさんが作ったチームの作品に込められたストーリーをぜひ共有してください。順番に発表をお願いします」

作品がほかのチームにも見えるようどこかに展示するか、そのチームの周囲に集まってもらって話をしてもいい。各チームの発表の後には拍手して認め合う雰囲気をつくる。ファシリテーターは、各チームが順番に発表できるように進行する。

CLOSING
5 「いかがでしたか？　それぞれメンバーの個性が活かされた作品になっていましたね。チームでの仕事やプロジェクトでも、こうして一人ひとりの個性や声を活かしながら、いいチームづくりができるといいですね」

このWSのねらい

「個々で作っているときには漠然としていた理想のチーム像も、説明し始めると後づけでもストーリーが生まれてくるものです。こうした作品に取り組むと右脳が働きますが、右脳の興味深いところは頭で考えずに手が動き出すことです。そこにストーリーをつければ、固定概念から離れた発想が生まれてくる。そして、一人ひとりの価値観や思いも共有できます。メンバーで思いをつなぎ合わせ、1 つのチームができていく様子を体感できるでしょう」

アレンジ！

●レゴを使ったり、ほかの素材を取り入れたりしてもおもしろいでしょう。作品はWS が終わってもすぐに壊さず、目に入るところに飾っておくと、そのときの気持ちを思い出せるツールになってくれます。

身につくスキル

● コミュニケーション　● チームワーク　● 共創力

STOCS タワー

06

成果を生む
チームを
つくる

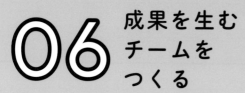

- ☑ 新人研修　　☑ 管理職研修
- ☑ 異業種交流　☑ 多様性研修
- ☑ チームビルディング
- ☐ 人材育成　　☐ SDGs
- ☑ 学校　　　　☐ 地域

30分

案内人
広江 朋紀

こんなときに役立つ

● 上下関係などを気にしない場の雰囲気をつくりたいとき

● まだチームが新しくて互いに馴染みが薄いとき

推奨人数	1 チーム 6 ～ 8 人程度
必要なもの	STOCS ×チーム分、付箋、ペン×人数分、ホワイトボード／模造紙
部屋の レイアウト	動き回れるように机などを端に寄せ、広いスペースを確保する

WORKSHOP

1　「これからチームで成果を生み出すことの大切さについて体感していただくアクティビティをします。これは、オランダの知育玩具で STOCS と呼ばれるものです。ご覧の通り、見た目は赤いロープのようですが、ロープになっていて結んだりできるのは両端のみです。真ん中はグラスファイバー製の棒が入っていて、しなるようになっています。各チームに 20 本ずつ配るので、両端部分をそれぞれ連結させて自立可能な高いタワーを建ててください。一番高いタワーができたチームが勝ちです。制限時間は 15 分。スタート！」

STOCS を配り、タワーを建ててもらう。各チームのタワーがぶつかり合わないように十分なスペースをとる。

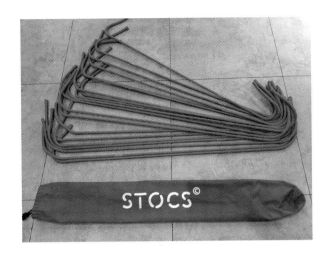

2 「（15分経ったら）終わりです！　どのチームも工夫が凝らされたタワーができあがりましたね。一番高いのは○チームでした！（拍手）しかし、どのチームもどうしたら高く、崩れないように建てられるかを話し合ったり、工夫したりしていましたね。全チームに健闘の拍手を送りましょう」

勝利チームを発表するが、それ以外のチームの工夫が見られたところやよかったところなどもコメントしていく。そして、最後に全体で健闘の拍手。

(**3**) 「では、うまくいったチームもいかなかったチームも、チームでさらに高い成果を生むために必要なものは何でしょうか？　それぞれ付箋に書き出してみてください。5分後にチームごとに発表してもらいます」

チームごとに付箋とペンを配り、チームがさらに高いタワーを速く建てるために必要なことを相談して書き出してもらう。5分タイムキープ。

(**4**) 「(5分経ったら) 終了です。それではチームごとに発表してください」

チームごとに話し合ったことを発表してもらい、できればホワイトボードなどにファシリテーターが書き出す。または、書き出した付箋をホワイトボードや模造紙に貼りながら説明してもらう。

CLOSING
(**5**) 「(全チームが終わったら) チームごとに工夫やテクニックがありましたね。正解はありませんが、高いタワーを速く建てたチームには、さまざまな要因がありましたね。最初のうちにどんなタワーを建てるかゴールを明確にしていたり、手が空いている人をつくらず一人ひとりが100%の力を発揮していたり、競合の動きも視野に入れながら柔軟に軌道修正していたり。こうしてみなさんで経験やスキルを出し合うことで、高く頑丈なタワーを建てることができます。仕事でもお互いのスキルや経験を惜しみなく出し合って、いいものを作っていけるといいですね」

**このWSの
ねらい**

「STOCS は建築の構造を学ぶための知育玩具ですが、大きい分、参加者
みんなが手を使って協力しなければすぐに倒れてしまい、緊密な連携
を必要とします。そして建てるだけでなく、今後さらにチームが発展す
るには何が必要か話し合うことで、誰かに教えられるのではなく自分たち
で改善点を客観視でき、さらに参加者の納得感の高い気づきが得られるで
しょう」

アレンジ!

● この WS は、マシュマロとパスタの乾麺を使った「マシュマロ・チャレンジ」
と手順もメッセージも同じです。STOCS のほうが大きいので、よりダイナミック
に取り組めますが、スペースに制限があるならマシュマロや粘土を使ってもいい
でしょう。

● 一度取り組んで相談時間を持った後に、再度建てるチャレンジをしてみるといい
でしょう。すると、1 度目より精度が上がるはずです。

身につくスキル

● **コミュニケーション**　● **チームワーク**　● **創造力**

サークルトス

07 経験を通して学習する

- [x] 新人研修　　[x] 管理職研修
- [x] 異業種交流　[x] 多様性研修
- [x] チームビルディング
- [ ] 人材育成　　[ ] SDGs
- [x] 学校　　　　[x] 地域

40分

案内人
松場 俊夫

> こんなときに役立つ
>
> ● 変化に対応し、成長し続けるチームをつくるとき
> ● 同じ失敗が繰り返されているとき

推奨人数	1 チーム 6 〜 10 人程度
必要なもの	A4 くらいの紙（普通のわら半紙や印画紙などでいい）×人数分、ペン、付箋、模造紙、ホワイトボード
部屋のレイアウト	動き回れるように机などを端に寄せて広いスペースを確保し、チームごとに円になる

WORKSHOP

1 「紙を1人1枚ずつとって、くしゃくしゃに丸めてボールにしてください。そして、立ち上がってチームで向かい合い、円をつくります。そのボールを隣の人にパスして何回キャッチできたかを競います」

1人1枚ずつ紙を配り、各自丸めてボールにしてもらう。ボールは、特にテープなどで留める必要はなく、手で握って丸めた程度でOK。円になったら、お手玉のように左隣（または右隣）の人に軽く投げると同時に、右隣（または左隣）からボールを受け取る。

2 「それでは、これから30秒間でこのボールを何回キャッチできたかを競うゲームをします。ルールが3つあります。①必ずボールは投げてください。隣の人に直接手渡すとか、上から手のひらに落とすだけというのはNGです。②チームみんなが一斉に投げて、一斉にキャッチしてください。1人ずつ時間差というのはダメです。③全員がキャッチできたら1回と数えます。1人でも落としたらノーカウントです。ただ、連続で落とさずに投げられた回数ではなく、合計の回数

を競うので、落としてしまったら数をリセットせず、その前の数から再スタートしましょう。キャッチした回数は自分たちでカウントしてくださいね。それでは、スタート……とはいえ、右回りか左回りかだけ決めてください。ではスタート！」

あえて相談する時間をあまり与えずに始めるために、右回りか左回りかだけをギリギリに短時間で決めさせて、すぐ始めるように進行する。ボールを落としたり、笑い声が起きたりと盛り上がることが多い。ここでは投げるタイミングは特に指示せず、30秒タイムキープする。

①ボールは必ず投げること
直接手渡ししたり、上から手のひらに落とすのはNG
②全員一斉に投げて、一斉にキャッチすること
1人ずつ時間差で投げるのはNG
③全員がキャッチできたら1回とカウントすること
1人でも落としたらノーカウント

3 「はい、ストップ！　どうでしたか？　各チーム何回できたでしょうか？」

30秒のパスタイムが終わったら、各チームの回数を聞いて、ボードなどに書き出す。

4 「それでは、これから10〜15分間で振り返りをしていただきます。『うまくいったのはどんなことで、なぜうまくいったのか』『うまくいかなかったのはどんなことで、なぜうまくいかなかったのか』『もう一度やるのであればどうするか』を話し合って、付箋に書き出して模造紙に貼ってください」

各チームのテーブルに付箋や模造紙、ペンを用意しておき、参加者には席に戻ってもらう。3つの点について話し合ったうえで付箋に書き出してもらい、模造紙を3分割して付箋を貼り出していってもらう。ファシリテーターは10〜15分タイムキープ。うまくいかなかったことだけでなく、うまくいったことも振り返るのが大事。そうすることで再現性が増すと伝える。

5 「次は振り返ったことを概念化（持論化）します。**抽象度を上げて、ほかの場面でも転用できるようにする**ことが大事です。今回はサークルトスという『ボールを投げるゲーム』でしたが、これを抽象度を上げて考えてみると、『チームで成果を出すプロジェクト』ととらえることができます。先ほど書き出した『うまくいったこと』とその理由、『うまくいかなかったこと』とその理由、『もう一度やるのであればどうするか』の付箋の横に、抽象度を上げて言語化した内容を並べていきます。例えば、うまくいった理由が『ボールを投げる高さをそろえた』であれば『基準をそろえること』、うまくいかなかった理由が『かけ声がバラバラだった』であれば『リーダーを決めること』という具合です。では、10〜15分で付箋に書き出し、模造紙に貼ってください」

参加者によっては難しいかもしれないので、できるだけ例を挙げて伝える。ファシリテーターは各チームを回ってフォローする。

6 「それではもう1回ゲームを行います。振り返ったことや概念化（持論化）したことを意識してくださいね」

再び30秒間トライしてもらう。

7 「今回はいかがでしたか？　各チーム何回できたか教えてください」

各チームの記録を、1回目の回数の横に書き出し、改善したことを見せる。

8 「どのチームも回数が伸びましたね。○チームは○倍にまで！　それではみなさん席に戻ってください。各チームで先ほど話し合ったことを簡単に発表してもらいましょう」

各チームが話し合った内容を順番に発表する。

CLOSING
9 「短い時間でも相談して意見交換することで、経験から学び改善することができたと思います。仕事でもつい反省ばかりしがちですが、**うまくいったことや、次はどうやったらうまくいくかも必ず振り返って**ください。そして、**振り返ったことを抽象度を上げて概念化（持論化）する**ことが大事です。ぜひ仕事でも経験学習サイクルを取り入れてみてください」

デービッド・コルブ[※]の経験学習サイクル

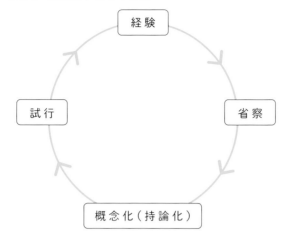

経験

省察

概念化（持論化）

試行

※デービッド・コルブは米国の組織行動学者。学習するためには、知識を受動的に吸収するのではなく、自分の
経験から能動的に学びを導き出すべきだという考え方から、経験学習モデルを提唱している。

このWSの
ねらい

「これは、経験→省察→概念化（持論化）→試行→経験というサイクル
を繰り返すことで経験値を上げる、デービッド・コルブの経験学習サイ
クルを体感できるWSです。まずやってみて、改善点も見えてきたとこ
ろで意見を交換し、またトライする。すると、前回より改善したことを実
感し、経験から学ぶという体験ができます。また話し合いの中では、リ
ーダーやフォロワーなどの役割分担も自然と出てくるでしょう。チーム
づくりにはどちらも重要な役割です」

アレンジ！

●一人ひとりが普段の仕事や勉強（経験）を振り返ってみる（省察）のもいいです
ね。成功体験から応用できることや、失敗体験から同じことを繰り返さないため
にできることを考えて持論化し（概念化）、次の場面で実践してみること（試行）
を書き出します。

身につくスキル

● コミュニケーションスキル ● チームワーク ● 内省力

M&M'S ドローイング

08

自分の固定概念から離れる

- ☑ 新人研修　　☑ 管理職研修
- ☑ 異業種交流　☑ 多様性研修
- ☑ チームビルディング
- ☐ 人材育成　　☐ SDGs
- ☑ 学校　　　　☐ 地域

15分

案内人
松場 俊夫

こんなときに役立つ

● 異なるバックグラウンドや部署の人が集まるとき

● 新しいチームでのプロジェクトが始まるとき

推奨人数	1 グループ 4 〜 6 人
必要なもの	M&M'S ミルクチョコレート x 人数分、制作の台になる紙／ボード × 人数分
部屋のレイアウト	グループごとにアイランド形式。作業できる机が必要

WORKSHOP

1　「M&M'S を 1 人 1 袋配ります。これを使って、『家』を表現してください。ルールはありません。制限時間 3 分です。台の上に作ってくださいね。それではスタート！」

あえて詳しくは説明せず、「家」というテーマで M&M'S を一人ひとり好きなように並べて作品を作ってもらう。ファシリテーターは 3 分タイムキープ。

2　「どうでしょうか？　それでは、グループ内でお互いに作品を見せ、自分のこだわりポイントを順番に紹介してください。1 人 1 分くらいでお願いします」

ファシリテーターはスムーズに回るようにサポートしながら、1 人 1 分くらいずつ順番に説明してもらう。特徴的な作品やおもしろい作品があったらピックアップし、全体でも共有できるといい。

余ったチョコをきれいにそろえて
置いているのが本人の個性ですね

太陽に照らされているのがほほえま
しいですね

漢字の「家」を作る人もいれば、ひ
らがなの「いえ」を作る人も

CLOSING
3 「同じチョコを使っても、1つのテーマでこんなに異なる作品が出てきましたね。
それが個性ですし、『そんなアイデアもあるんだ』とお互いの違いを楽しめるか
が大事です。正解はありません。ぜひ日常でもその違いを楽しんでいってくだ
さいね」

このWSの
ねらい

「人によって色をそろえる人、そろえない人、三角屋根の家を作る人、間
取り図を作る人、文字や家系図で表現する人などさまざまです。そうした
中から、家の中に人間を配置する人は人間が好きで、人間を中心にものご
とをとらえる傾向が強いなど、それぞれの特徴も見えてきたりします。ま
た、ほかの人の個性豊かな作品を見ることで、自分にどんなこだわり
や常識があったのかに気づけるでしょう」

アレンジ！

●「家」以外にも「雨」など、さまざまな表現のかたちがありそうなテーマを選ん
で取り組んでもおもしろいでしょう。イメージがあまり固まっていない、自由に
発想しやすい言葉がいいですね。

●時間があれば、全員の作品を休憩時間などに展示しておき、自由に見て回れるよ
うにしておくといいですね。そこでの気づきを、休憩後などにグループで話し合
い、共有できるとさらに意義深い経験となるでしょう。

身につくスキル

● 創造力　　● 発想力　　● 共感力

Part 2　ベーシック編
アイデア出し

スピードストーミング

09

成果を生む
ブレイン
ストーミング

☑ 新人研修　☑ 管理職研修
☑ 異業種交流　☐ 多様性研修
☐ チームビルディング
☐ 人材育成　☐ SDGs
☑ 学校　☑ 地域

60分

案内人
松場 俊夫

こんなときに役立つ

- 新しいアイデアを生み出したいとき
- 凝り固まった雰囲気や方法から脱出したいとき

推奨人数	特になし
必要なもの	付箋、ペンとメモ用紙×人数分、アイデア・スケッチの記入用紙×人数分より多め、丸のシール×１人３枚
部屋のレイアウト	アイランド形式で隣の人などと意見交換ができる状態に。作業できる机があるといい

WORKSHOP

1　「今日は『新しい商品（サービス）を考える』（テーマはそのときに応じて設定）ためのブレインストーミングをしましょう。最初に、新しいアイデアを思いつく限り付箋に書き出します。１つのアイデアを付箋１枚に、10分でとにかくできるだけ書いてみましょう！」

「新規事業を考える」「売上をアップさせる施策を考える」「学園祭でこれまでにないクラスの出し物を考える」など、目的に合わせたテーマを設定する。最初はとにかく個人で思ったことをどんどん出してもらう。この段階では実現可能性は考えず、思いつくものを数多く出してもらうことが重要。ファシリテーターは10分タイムキープ。

2　「それでは、席を立って誰かとペアになってください。書いた付箋の中からアイデアを広げたい、深めたいと思っているものを１つか２つ選んで、立ったまま２人で５分間（１人２分半ずつ）の意見交換をしてください。その際１つだけルールがあります。『プレイズ・ファースト』といって、相手のアイデアのよい

ところに光を当てるように意見を出しましょう。相手のアイデアを否定するのではなく、『さらにこういうことを付け加えたら？』や『もっとこうしたらおもしろいですね！』などと、"AND" や "MORE" の精神で相手のアイデアを膨らませましょう。もし『よくわからないな』と思ったら、『独創的ですね！』と言ってみましょう（笑）。それでは始めてください」

ファシリテーターは、ペアがうまく組めるようにサポートする。椅子に座らずに、立ったまま意見交換することで脳が活性化する。また、否定や批判はせず、相手のアイデアを肯定的にとらえることが大事。特に、年齢や階層がバラバラな場合は、上から下に批判的なコメントが出ないように注意する。5分タイムキープ。

③ 「いま交換した意見から気づいたことや学んだこと、新たに浮かんだアイデアなどを、各自メモしてください」

1分間メモタイムをとって、それぞれ自分の付箋にメモしておく。

④ 「今度は相手を替えて、もう一度ペアで意見交換をしましょう。みなさんペアを替えましたか？　それではまた5分間意見交換をしたら、メモの時間をとってください」

「5分間意見交換」→「そこからの気づきやアイデアを1分間でメモ」というセットを全部で5回、その都度ペアを替えて繰り返す。ファシリテーターは、いつも違う人とペアになるようにサポートし、タイムキープも行う。

スピードストーミングの流れ

時間配分	アクション
10分間	個人で付箋にアイデアを書く
2分半ずつ 5分間	[1回目] ペアで意見交換する
1分間	得られたことをメモする
2分半ずつ 5分間	[2回目] ペアで意見交換する
1分間	得られたことをメモする
2分半ずつ 5分間	[3回目] ペアで意見交換する
1分間	得られたことをメモする
2分半ずつ 5分間	[4回目] ペアで意見交換する
1分間	得られたことをメモする
2分半ずつ 5分間	[5回目] ペアで意見交換する
1分間	得られたことをメモする
15分間	個人でアイデア・スケッチを描く

⑤ 「それではみなさん席に戻ってください。5人の方からさまざまな意見や視点をもらえたかと思います。では、アイデアを1つ選び、具体的にイメージを膨らませてみましょう。最初に出したアイデアから選んでも、ほかの方のアドバイスを活かして新しいものを出してもかまいません。選ぶ際に大切なのは、本当に自分が実行したいと思えるアイデアかどうかです。『会社としてこういうことをやったほうがいい』『こういうことなら実現できそうだ』という観点ではなく、自分が本気になれるかどうかを基準に選びましょう。1つに絞り、そのアイデアを具体化していきます。**そのアイデアでどんなことができるのか、どんな中身なのかなど、15分で『アイデア・スケッチ』に描いてみましょう。**アイデアを一言で表現した『ヘッドライン化したアイデア』に加え、アイデアの詳細や補足説明を3つ書き出してください。絵や図でもかまいません」

5回のペアワークが終わったら、席に戻って個人ワーク。これまでの意見交換を活かして1つのアイデアを膨らませつつ具体化してもらう。文字で表現してもいいが、なるべく絵や図も使って描いてもらう。15分タイムキープ。

アイデア・スケッチの記入用紙　⬇ DL

アイデア・スケッチ
┌── ヘッドライン化したアイデア（アイデアを一言で表現したもの）──────┐
│   │
│   │
└──┘

アイデアの詳細や補足説明を3つ（絵で表現してもOK）

・

・

・

CLOSING 6

「できましたか？　いいアイデアも1人だとなかなか広がっていかないこともありますが、こうしてほかの人の意見やアイデアと触れ合うことで、さらに深まったり新しい視点をもらえたりしますよね。そして、どれも自分で『やってみたい』という思いから生まれたアイデアであることが大事です。今後もやりたいと思うことを声に出し、周囲の人と意見交換しながら広げていけるといいですね」

このWSのねらい

「仕事や学校で何かに取り組む際、『やるべきこと＝must』や『できること＝can』が行動の根拠になっていることがよくあります。しかし、『やるべき』という感覚では、脳はうまく動こうとしません。そこで『やりたいこと＝will』を改めて考え直す必要があります。自分が本当にやりたいことを、仲間の知恵を借りながら進めていくことで、よりよいものが実現できるでしょう」

アレンジ！

● アイデアを出すだけでなく絞り込むなら、アイデア・スケッチをテーブルに並べたり壁に貼ったりして、全員が歩き回って自由に見られるようにしておきましょう。そして、1人3枚ずつ丸のシールを配布し、気に入ったアイデアに貼ってもらいます。「おもしろそう」「広がる可能性がありそう」というアイデアを選びましょう。

● 全員で絞り込んだアイデアをさらに深めるなら、得票数の多かった上位5人に発表してもらいましょう。そして、それ以外の人に「もし一緒にやるならどのアイデアがいいか」を決めてもらい、チーム分けをします。各チームが同じ人数でなくてもいいですが、それぞれ3〜8人になるのが理想です。発案者のほかに必ずあと2人は賛同者がいるように調整してください。チームができたら、1時間くらいでそのアイデアをさらに詳しく具体化し、模造紙にまとめて発表しましょう。

身につくスキル

● コミュニケーション　　● 傾聴力　　● 共創力

フィールドダイアログ

10

自然の叡智
から起こす
イノベーション

- ☐ 新人研修　　☑ 管理職研修
- ☐ 異業種交流　☐ 多様性研修
- ☑ チームビルディング
- ☐ 人材育成　　☑ SDGs
- ☑ 学校　　　　☑ 地域

60分

案内人
東 嗣了

こんなときに役立つ

- アイデアが生まれず、煮詰まってしまったとき
- 新たな視点で課題に取り組みたいとき

推奨人数	8 ～ 10 人程度
必要なもの	周辺で拾ったユニークな形状、色、匂い、手触りの自然の素材を人数分（花、石、枝、実、木の皮など）、メモ帳とペン×人数分
部屋のレイアウト	静かで安心安全を感じられ、自然に囲まれた屋外のフィールド（公園、原っぱ、森など）の芝生などにサークル形式で座る

WORKSHOP

1 「まずは、ご自身のいまの心と体の状態を短く一言で表してみてください。順番にお願いします」

全員で円になって芝生の上に座ってもらう。ファシリテーターは最初の人を当て、順番に一言ずつ言ってもらう。参加者それぞれの表情や言葉に意識を向け、一人ひとりのペースでゆっくりリラックスできる場をつくっていく。

2 「次に、一旦その場で目を閉じてください。そしてゆっくり深呼吸を始めてください。まずは自分の呼吸に意識を向けてみましょう」

この場では、頭の中に巡っている仕事の悩みなどを一旦脇におき、いまこの瞬間に意識を向けることをうながす。ファシリテーターは 1 分ほどタイムキープ。

3 「それでは、そのままこのフィールドの匂い、音、風、そして地面の感触を、目を閉じたまましっかり味わってみてください」

五感のチャネルを開くステップ。時間があれば、匂い、音、風、地面の感触を1つずつ順番に体験してもらうよう声をかけていくとより効果的。2〜3分静かな時間をとる。

4 「（それぞれ感覚を味わったら）それではいまから、このフィールド周辺で拾った自然のものを手渡しで回していきます。いまみなさんの中で開かれている五感を使って、一つひとつのものを注意深く観察して味わい、そこに隠された自然の叡智に触れていきましょう」

事前にファシリテーターが用意しておいた自然の素材を1つずつ参加者に回す。じっくりと、一つひとつの素材を観察し、形状や質感、匂いなども感じとることをうながす。

5 「（何人かに声をかけて）触れてみてどんな感じでしたか？」

普段意識していない自然界の素晴らしさを感じとったら、感想を少し共有してもらう。全員でなくてもいいので、数人に順番に声をかけて一言ずつ話してもらう。この後、フィールドを歩きながら観察し課題テーマについて探求する準備のために、いつもとは異なる視点に立てるようにマインドを整え、生まれて初めての感覚を抱いてもらう。

6 「さて、今日の課題テーマは、『子ども向けの新商品を企画する』です（テーマはそのときに応じて設定）。そのテーマを念頭におきながら、各自フィールドを歩き回っていただきます。『どうしたら子どもは喜んでくれるかな？』といった

問いでもかまいません。周囲にある自然、動物、空気、空、さまざまなものから何かアイデアのメッセージを受け取るつもりで歩きましょう。ちょっとした草木の配列、鳥の羽ばたきなどが、もしかしたらみなさんが課題に取り組むうえで役立つかもしれません」

目的に応じて課題テーマを設定する。メモ帳を配り、自由に歩き回ることを参加者にうながす。問いを持ち、五感を開いて周囲を見渡せば、色、かたち、動き、匂い、配列などが必ず何かのシグナルとしてアイデアをもたらしてくれると、自信を持って伝える。気がついたことは、メモをとることも忘れないよう伝える。ファシリテーターは 15 〜 20 分くらいの時間枠を決めておいて、タイムキープする。

(7) 「それではみなさんゆっくりとまた輪に戻ってきてください。どんな体験が得られましたか？　感じたこと、気がついたこと、思いついたアイデアなどをこの場で共有してください」

フィールドに散らばった参加者に戻ってきてもらうとき、大きな声を出すよりも太鼓や優しい音のベルなどを使うと、場の雰囲気とも合っていて効果的。人数が少なければ全員に一言ずつ共有してもらう。人数が多ければ、数人のグループになって座ってもらい、その中で共有してもらうといい。

フィールドダイアログの流れ

自分の心と体の状態を一言で表現する	「久しぶりに芝生に座って、子ども時代に戻った気分です」
自分の呼吸に意識を向ける	「（だんだん気分がリラックスしてきたなぁ……）」
座ったまま自然を五感で味わう（匂い、音、風、地面の感触などを意識）	「（芝生って、こんなに柔らかかったっけ……？）」
自然の素材に触れる（花、石、枝、実、木の皮などを観察）	「（木の皮って、崩れそうでいてしっかりしているなぁ……）」
感想を共有する	「自然界のものは、柔らかさやもろさと同時に、固さや丈夫さを併せ持っていることに改めて驚きました！」
課題テーマを念頭に、周囲を歩く（自然、動物、空気、空などを意識）	「森の中の木をよ〜く観察してみると、樹皮がたくさんのコケに覆われている！　コケを触ってみるとフカフカで気持ちがいい！」
得られたものを共有する	「子どものおもちゃはプラスチック製が多く滑りやすい。自然素材でコケと同じ質感のグリップをつけたら、もっと心地よく持ちやすいのでは？」

CLOSING 8

「私たち人間が生まれるはるか昔から、自然界は持続可能な生態系システムをつくり上げてきました。そこには私たちの想像を超える叡智が眠っており、科学の力では成し得ない可能性に満ちあふれています。このワークはそんな自然の叡智からインスピレーションを受けて、普段気づくことができないアイデアを創造していくことに役立ちます。近年、自然システムからアイデアを得る『バイオミミクリー※』という手法も注目されており、これまでにない新商品のデザイン、素材、サービスシステムが次々と生まれています。きっとみなさんも、自然と触れ合ううちにいつの間にか頭が柔らかくなっているはずですよ」

※バイオミミクリーとは、自然界の要素からヒントを得て、新商品を開発したり、課題を解決したりする手法を指し、近年注目が高まっている。

このWSのねらい

「これは、普段会議室にこもっていてもなかなか議論が活性化しないとき、外部のインスピレーションからヒントを得ることを意図的に実践するワークです。うまくアイデアがわかない人もいますが、アイデアというもの自体すぐに出てくるものではないのでまったく問題ありません。普段の生活の中でも常に外の情報やシグナルをキャッチして、アイデアにつなげるよう心がけてみましょう！」

アレンジ！

● 「四角の形状のもの」「三角の形状のもの」「らせん状のもの」などテーマを指定し、周囲の自然から見つけることを競い合ってみましょう。チームビルディングに活用できます。

● 課題テーマを「人間関係」や「キャリアビジョン」に関する問いに変えて、取り組んでみましょう。自分が成長したい部分を探求するなどのテーマを与えてもいいですね。

身につくスキル

● 創造力　　● 内省力　　● 発想力

問題解決カード

11

アイデアの
かけ合わせで
新発想を生む

☐ 新人研修　　☐ 管理職研修
☐ 異業種交流　☐ 多様性研修
✓ チームビルディング
✓ 人材育成　✓ SDGs
✓ 学校　✓ 地域

60分

案内人
児浦 良裕

こんなときに役立つ

● 課題解決のアイデアをたくさん出したいとき
● アクションプランを具体化したいとき

推奨人数	1チーム6人程度
必要なもの	付箋、マジック、A3用紙×各チーム10枚程度、無地のカード（名刺サイズ）×各チーム10枚程度、コラボレーション・パターン・カード×チーム分
部屋のレイアウト	チームごとにアイランド形式。作業できる机があるといい

WORKSHOP

1 「まずは個人で、いま自分たちが抱えている課題を声に出しながら付箋に書き出してください。5分間でできるだけたくさん書きましょう」

付箋とマジックを各チームに配る。声に出しながら付箋に書いたほうが、ほかのチームメンバーも連想によって発想の幅が広がる。ファシリテーターは5分タイムキープ。

2 「次に、みんなが書いた付箋をチームの中で整理し、タイプや対象に応じてグループ化してください。さらに、各グループに名前をつけます。どんなグループ分けができるのか、10分間みなさんで話し合って取り組んでみましょう」

A3用紙を配り、1枚に1〜2グループ分の付箋をまとめてもらう。10分タイムキープ。

3 「グループ化して用紙にまとめたら、その中から特に優先的に解決すべきだと思う課題を2つか3つピックアップし、それぞれ無地のカードに記入してください。これを『課題カード』と呼ぶことにします。それぞれのカードには、課題

コラボレーション・パターン一覧

No.0 創造的コラボレーション
自分たちが成長しながら、チーム全体で、世界を変える新しい価値を生み出す。

No.1 未来への使命感
未来のあるべき姿への衝動しから。

No.2 方法のイノベーション
つくるものだけでなく、つくり方もつくる。

No.3 伝説をつくる
語り継がれるものを目指す。

No.4 成長のスパイラル
仲間とともに高め合う。

No.5 共感のチームづくり
「目指す未来」や「志」に共感できる仲間と組む。

No.6 レスポンス・ラリー
小さな反応でも、次につながる力になる。

No.7 一体感をつくる
みんなで一つのものをつくっているという感覚を。

No.8 貢献の領域
自分をどこで活かせるのかを考える。

No.9 成長のリターン
プロジェクトを通じて、どう成長したいのだろう？

No.10 自発的なコミットメント
プロジェクトはひとりひとりの行動でできている。

No.11 ゆるやかなつながり
それとなく仲間の状況を知ることで、いつもどこかで通じ合う。

No.12 善さの共有
一人ひとりの善さは、チームの強さに変わる。

No.13 感謝のことば
「ありがとう」の気持ちを伝える。

No.14 創発的な勢い
一人ひとりに還元できない、チームだからこそ生まれる勢いに乗る。

No.15 まとまった時間
プロジェクトにどっぷり浸かれる時間を確保する。

No.16 創造の場づくり
ワクワクする空間を自分たちでつくる。

No.17 活動の足あと
自分たちの活動の軌跡を残す。

No.18 意味のある混沌
何をどうすればいいのかわからない状況。その状況こそ、まったく新しい道が開くチャンスである。

No.19 アイデアをカタチに
突飛なアイデアほど、説明されても実感できない。

No.20 インサイド・イノベーター
本当に新しいことは創発されない。まずはメンバーを巻き込み、先導することから。

No.21 ゴールへの道のり
目指すゴールへと確実に辿り着くために、どうやって進むのかを確認する。

No.22 臨機応変な動き
状況に応じて、当初の想定を越える。

No.23 飛躍のための仕込み
プロジェクトを飛躍させる転機を想定して、一気に加速・飛躍する。

No.24 世界を変える力
いまでつくりあげる成果は、本当に「世界を変える力」をもっているだろうか？

No.25 クオリティ・ライン
目指すクオリティの高さを、何度も何度も確認する。

No.26 こだわり合う
少しでもよくするために、本気でぶつかり合う。

No.27 一度こわす
思い切ってこわして、つくり直す。

No.28 期待を超える
「いいね」の上をいく。

No.29 ファンをつくる
つくったものの世界観に魅了される人たちを創る。

No.30 広がりの戦略
ひとつたくさん、チャンスにつなげる。

No.31 世界の文脈
世界の流れを知らずして、新たな価値は生み出せない。

No.32 つくり続ける強さ
心も身体もタフになる。

No.33 感性を磨く
豊かで深みのあるクオリティを感じ、味わう。

のグループ名も書き入れてくださいね。では、5分間差し上げます」

各チームに、特に重要だと思われる課題や優先順位が高い課題を2つか3つ選んでもらう。それぞれ内容とグループ名を無地のカードに記入する。5分タイムキープ。

4 「それでは、課題への取り組み方を提案するコラボレーション・パターン・カード（以下、パターン・カード）を配ります。さまざまなコラボレーションのあり方が1枚に1つずつ書かれたものです。どんなことが書かれているか確認してみてください。全部で34枚あるので、チームのメンバーに、枚数が均等になるように分けてください」

34枚のコラボレーション・パターン・カードを各チームに一式ずつ配り、チーム内で均等に分けてもらう。

5 「それでは、先ほどチームで記入した課題カードを、チーム全員に見えるようにすべてテーブルに並べてください。まずは順番を決めて、最初の人から、課題カードのどれか1枚に対し、手持ちのパターン・カードを1枚置いて、そこから発想できる具体的な解決のアイデアをどんどん言ってみましょう。使ったパターン・カードは課題カードの近くに置きます。次の人も同様に続けていきます。また、ほかの人の意見からさらに連想してもかまいません。それでは5分間どうぞ」

課題カードはテーブルの上に見えるように並べ、1人ずつ順番にパターン・カードを1枚ずつ出してもらう。そのパターン・カードを使うとどの課題がどのように解決するのか、具体的にアイデアをたくさん出してみる。話していくうちに身近な問題に気づき、他者と協力できることに気づいていく。どんな意見でも批判や否定をしないで進められるように、ファシリテーターはサポートする。5分タイムキープ。

6 「5分経ちましたが、いかがでしょうか。まだ話し足りないようなので、引き続きパターン・カードを使って、課題解決のアイデアをどんどん具体的に出してみましょう。あと3分間どうぞ」

新たなアイデアをどんどんメンバーで出し合ってもらう。3分タイムキープ。メンバー全員の番が来るまで同様に繰り返していく。時間を区切ることで、アイデアをスピーディーに出すよううながす。時間によっては何セット繰り返してもかまわない。

7 「これまで出てきた課題解決のアイデアをまとめておきましょう。特に印象に残っているアイデアを2つか3つ発表してください」

チームごとに出てきたアイデアをまとめ、発表するものを2つか3つに絞る。各チームに順番に発表してもらう。

「アイデアはたくさん出ましたか？　予想外のものやすぐに実現できないものも
あったかもしれませんが、こうして多くの人の知恵を集めたり、協働したりす
ることで、新しい解決策も生み出されます。組織が抱える課題は、職務や世代
を超えて協力していかなければ解決できないものばかりです。ぜひ日々の生活
の中でもこうして協力し、チームで取り組めることを考えてみてください」

2 種類のカードのかけ合わせ

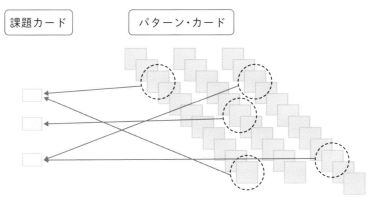

課題カード　　　　　パターン・カード

このWSの
ねらい

「チームで抱えている課題にいざ取り組もうと思っても、具体的な解決案
につなげるのが難しいときもあります。まずは、自分たちにできることは
何か、どんな解決策があり得るのか、おもしろ半分でもいいのでアイデ
アをたくさん出してみることが大事。パターン・カードの力を借りるこ
とで、日常の自分たちの発想の枠にはなかった視点が見つかり、どんなア
イデアでも口に出していいという安心感がチームに生まれるでしょう」

アレンジ!

● 今回はパターン・カードを準備しましたが、解決策のアイデアをイチから出し合
って、カードを作るところから始めてもいいでしょう。
● ステップ7でアイデアを絞り込む際、「印象に残ったもの」ではなく、「自分が
実践したいもの」を選べば、具体的なアクションにつなげられます。

身につくスキル

● コミュニケーション　● 共創力　● 社会課題解決能力

ストーリーテリング

12

他者から
共感・共創を
引き出す

☑ 新人研修　　☑ 管理職研修
☐ 異業種交流　☑ 多様性研修
☐ チームビルディング
☐ 人材育成　　☑ SDGs
☑ 学校　　　　☑ 地域

60分

案内人
東 嗣了

こんなときに役立つ

● **価値観の異なる人から自分のアイデアへの協力を得たいとき**
● **やらされ感を排し、本気の行動を引き出したいとき**

推奨人数	特になし
必要なもの	画用紙×人数分より多めに、クレヨンやペン×人数分、寸劇に必要な小道具など
部屋のレイアウト	どの形式でもいいが、作業できる机があるといい

WORKSHOP

① 「はじめに、ストーリーテリングを通して相手に共感してもらいたい自分のアイデアを決めます。『どんなアイデアを誰に伝えたいのか？』『相手にどう行動してほしいのか？』を3分ほどで考えて書き出してみましょう」

全員に画用紙を配布する。すでにテーマが決まっている場合は、それを共有する。例えば、「高齢者向けの新サービスをプロジェクトメンバーや自治体に伝えて、協力を仰ぎたい」など。学生であれば「体育祭を全員が楽しめるように、学外の会場を借りるよう学校側を説得したい」などでもいい。ファシリテーターは3分タイムキープ。

② 「これから、アイデアをストーリーに落とし込んでいきます。大きく3つのシーンに分けてシナリオを作成します。その前に、『誰がこのストーリーの主人公になるのか？』を考えてみましょう。主人公の特徴も併せて挙げていきます。3分くらいで主人公とその特徴を書いてみましょう」

ストーリーテリングを実践するうえで、誰が物語の主人公なのかペルソナを明確にす

る。高齢者向けの新サービスの価値をストーリーとして伝えるならば、主人公はサービスを利用する高齢者になる。さらに、「その高齢者はどんな人なのか？」と問い、本人の特徴やライフスタイルも具体的にイメージしていくことが大切。3分タイムキープ。

3 シーン1の作成：いつもの居場所

「まずは、1つ目のシーンです。設定した主人公のいつもの行動や意識を絵に描いてみましょう。いわゆる普段のライフスタイルや日々の生活、行動パターンなどです」

物語は、たいてい日常から始まるもの。いつもの生活、いつもの口癖。そして、どんな問題がそこには潜んでいるのか？ 例えば高齢者ならば、毎日の食事、散歩、趣味のサークルに参加する様子など。5分タイムキープ。

4 シーン2の作成：困難と障壁

「次に、主人公が出合う困難と障壁を絵に描いてみましょう。『そのとき、主人公は何を感じるのか？』などと考えます。ここで描かれる問題が、この後の問題解決につながっていきます」

主人公が出合ってしまった問題とそのときの様子を描く。そこにある葛藤や苦しさ、気持ちをしっかりと表現することが大切であるため、ファシリテーターはそれを引き出せるように声をかけていくとなおいい。シーン1の紙に描き加えても、別の紙に描いてもよい。5分タイムキープ。

5 シーン3の作成：解決と結末

「最後に、主人公が出合った問題を解決するアイデアやコンセプトを描きます。『どんなアイデアなのか？』『そのアイデアによりどんな価値が生まれるのか？』『その価値を通して、主人公はどう感じるのか？』そんなことが伝わるように絵を描いてみましょう。文字で補ってもいいですよ」

このストーリーテリングで最も相手に伝えたいことを出すシーン。高齢者向けの新しいサービスなら、どんなサービスなのか？　どう提供するのか？　それを利用するとどんな気持ちになるのか？　そしてどう行動が変わるのか？　機能や特徴を説明するより、それを利用するシーンや気持ちを描くことが共感を生むコツ。5分タイムキープ。

6 「それでは、これまで描いてきたシナリオをストーリーとしてどう伝えたらいいでしょうか？　伝える手段を考えましょう。紙芝居のような絵にする、寸劇のような仕立てにする、言葉の説明だけで伝えるなど、いろいろな方法があります。ふさわしいと思う方法を選んでください」

3つのシーンで構成されるシナリオを、どう聞き手に伝えるかをデザインしていく。ここで大切なのは、事柄を伝えることに終始せず、五感を使って表現すること。主人公の気持ちなども言葉にすることで、物語として相手の心に届きやすくなる。5分タイムキープ。

ストーリーテリングの流れ

| どんなアイデアを誰に伝えたいのか？ | 高齢者向けの新サービスをプロジェクトメンバーや自治体に伝えたい。 |

| 相手にどう行動してほしいのか？ | 新サービス立ち上げに向けて、協力を仰ぎたい。 |

| 誰がこのストーリーの主人公になるのか？ | 90歳の男性。耳が遠く、体の自由がきかなくなってきたが、孫と遊ぶ体力がほしい。 |

| ［シーン1］主人公のいつもの行動や意識はどんなものか？ | 健康と体力を維持するため、最も元気のある朝食後に散歩することを心がけている。 |

| ［シーン2］主人公はどんな困難と障壁に直面するか？そのとき、主人公は何を感じるのか？ | 朝食後はちょうど通勤ラッシュで、交通量が多い。つい先日も、車が左折してくるのに気づかず、「危ない！」と叫んでくれた人の声も聞こえず、ヒヤッとさせられた。外へ出かけるのが不安になり、せっかくの体を動かす機会が失われてしまった。 |

| ［シーン3］主人公の問題はどんなアイデアやコンセプトで解決できるか？そのアイデアによりどんな価値が生まれるのか？その価値を通して、主人公はどう感じるのか？ | 交通量をリアルタイムで知らせるアプリがあれば、混んでいる時間帯や場所を避けて散歩することができ、安心して体を動かせる。 |

| シナリオをどんな手段で伝えるか？ | 紙芝居のかたちで伝える。 |

7 「それではチームに分かれ、チーム内で1人ずつ順番に、自分がつくったストーリーをそれぞれ選んだ手段で紹介してください。そして、1人終わるごとにチームのみなさんはどう思ったか、どうすればもっとよくなるかなどの感想を伝えてあげてください。1人の発表が2分、感想が3分くらいで進めましょう」

各チームで最初の人を決めてもらい、順番に発表してもらう。ここで大切なのは、主人公の気持ちに寄り添い、その立場になってみること。聴衆側から肯定的で建設的な意見が出るようにファシリテーターはサポートする。タイムキープもする。

CLOSING
8 「ありがとうございました。アイデアを多くの人に理解し、共感してもらうには、きちんとストーリーを伝えることが大事ですよね。実現するための細かい手法や資金といった現実的な話をする前に、ストーリーテリングを通して、このアイデア自体の大きな価値に、その場にいる人たち全員が共感していけるといいですね」

このWSのねらい

「人は数字やデータに共感するのではなく、背景にあるストーリーに共感し行動する生き物です。どんなに素晴らしいビジョンやアイデアであっても、ロジックだけでは共感、共創の場をつくるのに限界があります。自分のビジョンやアイデアに周囲を巻き込んでいくには、ストーリーテリングが効果的です。実は、今回の3つのシーンのように、人が共感するストーリーには普遍的な流れがあります。それを意識したシナリオづくりを通して、より共感されやすい企画や商品が生まれるでしょう」

アレンジ！

● 3つのシーンに、さらに新たなシーンを加えることもできます。「困難の最中にメンターと呼べる師に出会うことで問題を克服した」「突然、強敵が現れた」などです。そうすることで、より説得力のあるストーリーになります。
● チーム別にストーリーを描き、チーム単位で寸劇として演じて物語を伝えるやり方も効果的です。

身につくスキル

● コミュニケーション　● 創造力　● 社会課題解決能力

ファイブピー　チェンジ
5P Change

13

アイデアを絞り込み、検証する

☐ 新人研修　　✓ 管理職研修
☐ 異業種交流　☐ 多様性研修
✓ チームビルディング
☐ 人材育成　　☐ SDGs
☐ 学校　　　　✓ 地域

30分

案内人
広江 朋紀

こんなときに役立つ

● 企画やアイデアはあるが、それを実行していいのか自信のないとき
● ブレスト後、さまざまな観点から妥当性を検討し絞り込みたいとき

推奨人数	1チーム5人程度
必要なもの	5つのポジションを書いた紙（プロジェクターなどで映し出してもいい）、紙×チーム分（多めに）、ペン×人数分
部屋のレイアウト	チームごとにアイランド形式。作業できる机があるといい

WORKSHOP

1　「このWSでは、ブレインストーミングで出てきたさまざまなアイデアを絞り込みます。いわゆるアイデアの収束フェーズです。いま、ここにあるアイデアを改めて見つめてください。さまざまな視点から見直す機会を持ちましょう。これから紹介する5つのポジション（5P）に立って、チーム全員で視点を変えながら検証していきます。5つのポジションとは、こちらです（一覧を見せる）。まずは『Purpose』、目的です。そもそも自分たちは何のために行動しているのか、何のためにこのアイデアを出し、実行するのか、誰にこのアイデアを届けようとしているのか。『Purpose』について5分間話し合って、紙に書き出してみてください」

このWS以前に出した企画やアイデアを、改めて問い直したり絞り込んだりする。5P Changeの項目や内容が参加者から見やすいように、プロジェクターに映し出すか、書き出した紙を配布しておく。1つずつ順を追って、みんなでその立場に立って相談してもらう。5分タイムキープ。

5つのポジション（5P）

Purpose（目的）	目的に立ち返る ・そもそも自分たちは何のために行動しているのか？ ・何のためにこのアイデアを出し、実行するのか？ ・誰にこのアイデアを届けようとしているのか？
Position（立場）	自分と異なる視点（立場）に立って枠組みを見直す ・ターゲットであるお客さんならこのアイデアをどう思うか？ ・競合ならどう思うか？ ・株主ならどう思うか？
Period（期間）	過去、現在、未来の視点で見直す ・どのくらいの時間が実際に必要なのか？ ・その期間のトレンドに影響されたりするとどう変わる可能性があるのか？ ・いつ頃を一区切りとするのか？ ・長い目で見るとどうなのか？
Positive（ポジティブ要素）	課題のポジティブな側面に光を当てる ・このアイデアはどんなところがいいのか？ ・実行することでどんなチャンスが生まれるのか？ ・どんな利点があるのか？
Pain（痛み）	課題のネガティブな面やリスクに注目する ・このアイデアを行うことのリスクは何か？ ・どんな恐れが生じ得るのか？ ・失うものは何か？

※広江朋紀『なぜ、あのリーダーはチームを本気にさせるのか』（同文舘出版）をもとに構成

2 「次は『Position』、立場です。ターゲットであるお客さんならこのアイデアをどう思うか、競合ならどう思うか、株主ならどう思うか、と自分たちとは異なる人の立場になって、改めてアイデアを見直してみましょう。5分間差し上げます」
ファシリテーターは、話し合いがスムーズにいくようにさまざまな立場を提案してみてもいい。5分タイムキープ。

3 「今度は『Period』、期間です。どのくらいの時間が実際に必要なのか、その期間のトレンドに影響されたりするとどう変わる可能性があるのか、いつ頃を一区切りとするのか、長い目で見るとどうなのか、など過去・現在・未来の時間軸でさまざまな視点から相談してみましょう」
ファシリテーターは、テーマに合わせて時間に関する切り口をいくつか提案してみるといい。5分タイムキープ。

4 「今度は『Positive』です。ポジティブとは、肯定的にものごとをとらえること
ですよね。改めてこのアイデアはどんなところがいいのか、実行することでど
んなチャンスが生まれるのか、どんな利点があるのか、などを話し合ってみま
しょう」

肯定的にとらえるといっても、さまざまな視点が必要。実行することで周囲に与えるよ
いインパクトや会社への貢献など、ファシリテーターが新たな切り口を提案してもい
い。5分タイムキープ。

5P による検証の例

アイデア　　　　ショッピングモールでスープ屋を出す。

Purpose　　　・自分たちが行動するのは、消費者に新たな価値を提供するため。
（目的）　　　・アイデアを実行するのは、新たな収入源を得るため。
　　　　　　　　・届けたい相手は、既存事業でとらえきれていない顧客層。

Position　　　・お客さんにとって、スープ屋は手軽に栄養がとれてうれしい。
（立場）　　　・競合にとって、すでにロイヤルカスタマーがいるし独自のレシピも
　　　　　　　　　あるので脅威ではない。
　　　　　　　　・株主にとって、ビジネスとして成功する勝算が見えない。

Period　　　　・必要な時間は、開店までおよそ1年。初期費用の回収に1年。
（期間）　　　・開店から初期費用の回収まで、厳しい暑さが続くとスープの需要が
　　　　　　　　　落ちる可能性がある。
　　　　　　　　・一区切りとするのは、開店から2年。
　　　　　　　　・長い目で見ると、会社としての強みが増える。

Positive　　　・このアイデアのいいところは、健康志向の会社としてのイメージを
（ポジティブ要素）　　持ってもらえる点。
　　　　　　　　・生まれるチャンスは、レトルトスープの販売によるEC ビジネスへ
　　　　　　　　　の進出。
　　　　　　　　・利点は、顧客層の拡大。

Pain　　　　　・リスクは、夏にスープが売れないこと。
（伴う痛み）　　・恐れは、初期投資額が大きく、失敗したときのコスト回収が厳しい
　　　　　　　　　こと。
　　　　　　　　・失うものは、株主からの信頼。

5 「最後に『Pain』、痛みです。先ほどとは反対にネガティブ要素に目を向けます。このアイデアを行うことのリスクは何か、どんな恐れが生じ得るのか、失うものは何か、改めて考えてみてください」

どんな危機や失敗があり得るのかなど事前に想定することで、準備しておけることもある。互いに意見を出し合うことで、その恐れも共有できる。5分タイムキープ。

CLOSING 6 「みなさん5つのポジションについて話し合えましたか？　これまで抱え込んでいた疑問や思いなどを共有できたことで、新たな気持ちでこのアイデアに向き合えたのではないでしょうか。疑問に思ったときには、こうして一度立ち止まり、みなさんで検証してみる時間を大事にしてください」

このWSのねらい

「新しいアイデアはよさそうだが、本当に実行していくだけの価値があるのか疑問がある。すでに動いているプロジェクトだが、なんとなくみんな不信感が残っている──。そんなときに一度立ち止まって、みんなで検証し、確実性を高めていけると、さらにいいものにブラッシュアップされていきます。がんばっているのに成果が出ないという悩みを抱えるリーダーにもおすすめです」

アレンジ！

●5Pをチーム内で1人1Pずつ役割分担してもいいでしょう。カードを作って引いてもらうなどしてそれぞれの役割を決め、その立場からテーマに対して意見を言ってもらいます。役職や関係性によって普段言いづらいことでも、その役割を与えられたことで声に出しやすくなります。

身につくスキル

● 信頼関係　　● チームワーク　　● 論理的思考力

IN/OUT シート

14 自分リソースの棚卸しと将来計画

- [ ] 新人研修　　[✓] 管理職研修
- [ ] 異業種交流　[ ] 多様性研修
- [ ] チームビルディング
- [✓] 人材育成　[ ] SDGs
- [ ] 学校　　　[ ] 地域

30分

案内人
児浦 良裕

こんなときに役立つ

● 今後のキャリア形成に悩んでいるとき

● 自分の仕事や成長に行き詰まってしまったとき

推奨人数	特になし
必要なもの	紙とペン×人数分
部屋のレイアウト	スクール形式かアイランド形式。基本的に個人で取り組むため、作業できる机があるといい

WORKSHOP

1　「今日は、みなさんのキャリアについて改めて振り返り、これからを考える機会にしていただきたいと思います。『自分は何も進歩していないのではないか』『これからどうしたらいいのか』と不安になる方もいるかと思いますが、一緒に考えていきましょう。使用するのは、IN/OUT シートです。それぞれのスペースを1つずつ埋めていきます」

あらかじめ IN/OUT シートを印刷しておくと便利。

2　「まずは、これまでを振り返りましょう。昨年度、またはそれ以前で、自分がやってきたことを書き出していきます。①の昨年度『OUT』には担当した仕事や得られた成果、②の昨年度『IN』には仕事やプライベートで獲得したスキルや学んだことを書き入れてください。5分で取り組んでみましょう」

基本的に「OUT」には会社や社会などでの成果、「IN」には自分のスキルや学びなどを記入する。書くのに悩んでいる人がいたら、「小さなことでもいいです。趣味で取得し

た資格、勉強したことを入れてもいいですよ」などと声をかけてあげる。ファシリテーターは 5 分タイムキープ。

IN/OUT シート ⬇ DL

	昨年度	今年度	来年度	再来年度
OUT	①	③	⑤	⑦
IN	②	④	⑥	⑧

3 「書き出してみると、ご自身が積み上げてきたものがあることに気づくと思います。②の昨年度『IN』に書き入れたことは、今年度すでにみなさんのスキルとして身につき、何らかのかたちで仕事に活かされているのではないでしょうか。そうであれば、③の今年度『OUT』に同じ内容を書き込みましょう」
②の内容が仕事に活かされているという人には、②に書いたことを③にも記入してもらう。ファシリテーターは参加者が書き込んだ様子が確認できたら、次に進む。

4 「次に、まだ取り組み中の内容もあるかもしれませんが、今年度について書き込みましょう。今年度に担当する予定の仕事、成果を出さなくてはならない仕事を③の今年度『OUT』に書き込みましょう。また今年度、仕事やプライベートで獲得したいスキルや学びたいことを④の今年度『IN』に書き込みましょう」
なるべく具体的に書き入れてもらう。ファシリテーターは、参加者が③と④を書き込んだ様子が確認できたら、次に進む。

5 「それでは、将来について考えてみましょう。先ほど書き込んだのと同様に、④の今年度『IN』に書き込んだスキルや学びから、来年度の『OUT』に活かせそうなものを⑤へ書き込みます。⑤にはさらに、来年度に担当する予定の仕事、成果を出さなくてはならない仕事も書き入れましょう。⑦の再来年度『OUT』にも、担当する予定の仕事があれば書き入れておきましょう。特に決まっていない方は、『こんな仕事に挑戦してみたい』ということでもかまいません」
⑦は、実際の予定だけでなく、本人の希望を入れてもいい。ファシリテーターは、参加者が⑤と⑦を書き込んだ様子が確認できたら、次に進む。

6

「さて、いままで書き入れてきたことを参考に、来年度に獲得したいスキルや学びたいことを⑥の来年度『IN』に書き入れてみましょう。再来年度に挑戦してみたい仕事を⑦に書いた方は、そのために自分が必要となるスキルは何か、やってみたい仕事にたどり着くまでを逆算して何をすべきなのかを考えてみるといいですね。⑥でインプットするスキルは、今後アウトプットとして活用することが視野に入っていると、より明確に見えてきますよね。ぜひ具体的に書き入れていってください」

ファシリテーターは、参加者が⑥を書き込んだ様子が確認できたら、次に進む。

7

「では、⑥の来年度『IN』に書いたスキル・学びのうち再来年度の仕事に活かせそうなものを⑦の再来年度『OUT』へ書き加えてください。そして、再来年度に獲得したいスキルや学びを⑧の再来年度『IN』に書き入れます」

ファシリテーターは、参加者が⑦と⑧を書き込んだ様子が確認できたら、次に進む。

CLOSING

8

「みなさん、表は完成しましたか？　キャリアを考えるときに目標は必要ですが、あまり遠い未来のことを漠然と考えても何をすべきかわからないかもしれません。今後進む方向に悩んだら、まずこれまで自分がやってきたことを棚卸しし、これから先についてもまずは現在、そして来年、と一つひとつ考えてみると整理できます。書き出してみると、自分が思っていたよりも経験を積み重ねていることも実感できますね」

IN/OUT シート記入例

① 昨年度「OUT」：昨年度に担当した仕事や得られた成果 ・オーストラリアの学校と連絡をとり、交流プログラムを企画した。 ・自分が受け持つ授業のために、サブテキストを製作した。
② 昨年度「IN」：昨年度に獲得したスキルや学んだこと ・週に1回、オンライン英会話レッスンを受けた。 ・アロマテラピー検定に合格した。
③ 今年度「OUT」：②に書いたことのうち今年度の仕事に活かされているもの＋今年度に担当する予定の仕事や成果を出さなくてはならない仕事 ・（②から転記）週に1回、オンライン英会話レッスンを受けた。（オーストラリアとの交流プログラムに活かされている） ・製作したサブテキストを改良中。
④ 今年度「IN」：今年度に獲得したいスキルや学びたいこと ・英会話教室でマンツーマンのレッスンを週に1回受ける。 ・関東圏の高校教師の勉強会に出席する。

⑤ 来年度「OUT」：④に書いたことのうち来年度の仕事に活かせそうなもの＋来年度に担当する予定の仕事や成果を出さなくてはならない仕事
・（④から転記）英会話教室でマンツーマンのレッスンを週に1回受ける。（交流プログラムでオーストラリアから来日する生徒たちを相手に授業を行うのに活かせそう）
・（④から転記）関東圏の高校教師の勉強会に出席する。（自分の学校内で勉強会を主催するのに活かせそう）
・入試の採点の責任者を務める。

⑥ 来年度「IN」：来年度に獲得したいスキルや学びたいこと（⑦の「挑戦してみたい仕事」に必要なこと）
・夏休みの間、オーストラリアに短期語学留学する。
・企業向け研修のファシリテーションを学ぶ。（学校現場でのノウハウを企業に活かす方法を教える講師として呼ばれるために必要）

⑦ 再来年度「OUT」：⑥に書いたことのうち再来年度の仕事に活かせそうなもの＋再来年度に担当する予定の仕事、挑戦してみたい仕事
・（⑥から転記）夏休みの間、オーストラリアに短期語学留学する。（短期派遣プログラムでオーストラリアで教壇に立つのに活かせそう）
・学校現場でのノウハウを企業に活かす方法を教える講師として呼ばれたい。

⑧ 再来年度「IN」：再来年度に獲得したいスキルや学びたいこと
・英語でのファシリテーションについて学ぶ。

**このWSの
ねらい**

「5年後、10年後のキャリアといわれると、すぐに可視化できない人も多いかもしれません。ですが、改めて自分が積んできた経験やスキルなどの過去と、その延長上にある将来を書き出して可視化することで、自然とキャリアが積み上がっていることに気づくでしょう。たとえ転職したり、出産や休職などで仕事から一時的に離れたりしても、決して立ち止まっていたわけではないことがわかります。目標に向けて、いますぐできることを洗い出す機会になるでしょう」

アレンジ！

● チームや部署単位で取り組んでもいいでしょう。1つのプロジェクトに長く関わり行き詰まったときなど、自分たちがどこまで進んできて、これからどこに向かうべきなのか、互いに共有できる機会になるでしょう。
● 1on1などで他者のキャリア相談に乗るときにも、一緒にこうして表に書き出していくと、本人のキャリアを整理してあげられます。「自分がこれから何をすべきかわからなくて不安」という部下や後輩の相談に乗る際も役立ちますね。

身につくスキル

● 論理的思考力　● キャリアプランニング　● 内省力

偉人に学ぶ

15

リーダーのあり方を考える

☑ 新人研修　☑ 管理職研修
☐ 異業種交流　☐ 多様性研修
☑ チームビルディング
☑ 人材育成　☐ SDGs
☑ 学校　☐ 地域

30分

案内人
広江 朋紀

こんなときに役立つ

● 管理職になったばかりの人への研修
● 個人として、チームとしてリーダーのあり方に悩んでいるとき

推奨人数	1グループ3〜6人程度
必要なもの	紙とペン×人数分、ホワイトボード
部屋のレイアウト	グループごとにアイランド形式。作業できる机があるといい

WORKSHOP

1 「まずは個人で、自分がリスペクトしている、影響を受けているリーダーを1人思い浮かべてください。身近な人でも、芸能人や歴史上の人物でもかまいません。3分間差し上げるので、どうぞ」

それぞれ素晴らしいと思うリーダーを3分で考えてもらう。

2 「自分が選んだリーダーについて、どんな要素がその人をリーダーたらしめているのか、どんな要素に惹かれてリーダーだと思ったのか、考えて3分でいくつか書き出してください」

紙とペンを配布して、リーダーたる要素を書き出してもらう。ファシリテーターは3分タイムキープ。

3 「それでは書き出した要素をグループの中で順番に発表し、共有してください」

1人1分くらい共有してもらう。ファシリテーターはスムーズに回るようにサポート。

4 「次に、いま共有してもらったリーダーと要素の中から、『この人だ』と思うリーダーをグループで1人だけ選んでください。そして、その人のリーダーたる要素を改めてみなさんで相談してみてください。後で発表してもらうので、メモしておいてくださいね。では5分間差し上げます」

ファシリテーターは、発案者本人だけでなくグループ全員が発言するようにうながす。

5 「それでは、発表してもらいましょう。各グループの代表を決めて、グループで選んだリーダーとその要素を共有してください」

ファシリテーターは順番に発表できるようにサポートする。発表の中で出てきた「リーダーの要素」をホワイトボードなどに書き出す。似ている要素は、できるだけ近くに書くとわかりやすい。

CLOSING
6 「(全グループ発表後) リーダーシップに絶対的な定義はありませんが、1つの例をご紹介します。『リーダーとは、ある一定の目的に向けて、周囲に影響を与え、その実現に導く人である』。リーダーシップにはさまざまなスタイルがありますが、主に『明確な目的』『影響力』『実行力』という重要な要素があります。いまみなさんに挙げていただいた偉人やその人のリーダーたる要素にも、共通するものがありましたね。リーダーシップに悩んだら、今日みなさんが挙げた要素を思い出してみるといいですね」

このWSの
ねらい

「リーダーシップのかたちは人それぞれです。しかし、いざリーダーになるとどうあるべきなのか、戸惑うこともあるでしょう。これまでの自分が見てきた、聞いてきたリーダーのよいところを改めて要素として抜き出してみると、具体的なあり方が見えてきます。さらにリーダーシップへの考え方をほかの人と共有することで、多様なあり方に視野が広がりますね」

アレンジ!

●全グループの発表を聞いた後、自分にとってリーダーシップはどういうものなのか、書き出してみるといいでしょう。偉人と同じようにはいかなくても、自分自身はこうありたいという指針が見えてくるかもしれません。

● マネジメント　　● リーダーシップ　　● キャリアプランニング

14 のリーダーシップ

16

自分と他者の リーダー特性を 発見・共有する

☑ 新人研修　　☑ 管理職研修
☐ 異業種交流　☐ 多様性研修
☑ チームビルディング
☑ 人材育成　　☐ SDGs
☑ 学校　　　　☐ 地域

20分

案内人
児浦 良裕

こんなときに役立つ

● 新しいチームでの活動が始まるとき
● 既存のチームでのプロジェクトが行き詰まっているとき

推奨人数	1 チーム 4 人程度
必要なもの	「リーダーシッププリンシプル」が書かれたボード／プロジェクター／紙、紙とペン×人数分
部屋の レイアウト	チームごとにアイランド形式。作業できる机が必要

WORKSHOP

1　「リーダーと呼ばれる立場でない人でも、それぞれチームの中で果たしてきた役割があるはずです。それは本人ならではのリーダーシップともいえます。今回は、グローバルカンパニーである Amazon の社員のために設けられた行動指針『リーダーシッププリンシプル』の 14 項目を使って、それぞれの特性を見つけていきましょう。Amazon では、社員一人ひとりがリーダーであるという考え方があり、この指針にはリーダーとしてあるべき姿が書かれています」

記入する紙とペンを全員に配布する。次の表は、Amazon の「リーダーシッププリンシプル」の 14 項目をもとに構成したもの。14 項目をプロジェクターなどに映し出すか、印刷したものを配布し、参加者が内容を確認できるようにする。

Customer Obsession（カスタマーにこだわる） リーダーはカスタマーから信頼を獲得し、維持していくために全力を尽くします。リーダーは競合に注意を払いますが、何よりもカスタマーを中心に考えることにこだわります。	**14** **Leadership** **Principles**	Ownership（当事者意識を持つ） リーダーは長期的な視野で考え、短期的な結果のために、長期的な価値を犠牲にしません。リーダーは「それは私の仕事ではありません」とは決して口にしません。
Invent and Simplify（創造してシンプル化する） リーダーはチームにイノベーション（革新）とインベンション（創造）を求め、常にシンプルな方法を模索します。リーダーは状況の変化に注意を払い、あらゆるところから新しいアイデアを探しだします。それは、自分たちが生み出したものだけには限りません。	Are Right, A Lot（たいてい正しい判断をする） リーダーは多くの場合正しい判断を行います。強い判断力を持ち、経験に裏打ちされた直感を備えています。リーダーは多様な考え方を追求し、自らの考えを反証することもいといません。	Insist on the Highest Standards（最高水準を求める） リーダーは継続的に求める水準を引き上げていき、チームがより品質の高い商品やサービス、プロセスを実現できるように推進します。リーダーは問題を確実に解決し、再び同じ問題が起きないように改善策を講じます。
Dive Deep（深く関わる） リーダーは頻繁に現状を確認し全体の尺度と個別の事例が合致していないときには疑問を呈します。リーダーが関わるに値しない業務はありません。	Learn and Be Curious（常に学び、好奇心を持つ） リーダーは常に学び、自分自身を向上させ続けます。新たな可能性に好奇心を持ち実際に追求します。	Think Big（広い視野で考える） 狭い視野で考えてしまうと、大きな結果を得ることはできません。リーダーは大胆な方針と方向性をつくり、示すことによって成果を導きます。
Bias for Action（行動に移すことを指向する） ビジネスではスピードが重要です。多くの意思決定や行動はやり直すこともできるため、大がかりな分析や検討を必要としません。計算されたリスクをとることも大切です。	Frugality（倹約する） 私たちはより少ないリソースでより多くのことを実現します。倹約の精神は創意工夫、自立心、発明を育む源になります。スタッフの人数、予算、固定費は多ければよいというものではありません。	Earn Trust（信頼を勝ち取る） リーダーは、注意深く耳を傾け、率直に話し、人に対して敬意をもって接します。たとえ気まずい思いをする事があったとしても間違いは素直に認め、自分やチームの間違いを正しいと言ったりしません。
Hire and Develop the Best（最高の人材を採用し、育てる） リーダーは優れた才能を持つ人材を見極め、組織全体のために進んで人材を活用します。リーダーはリーダーを育成し、コーチングに真剣に取り組みます。	Have Backbone; Disagree and Commit（信念を持ち、異を唱えてもコミットする） リーダーは、賛成できない場合には敬意をもって異議を唱えなければなりません。信念をもち、容易にあきらめません。いざ決定がなされたら、全面的にコミットします。	Deliver Results（結果を出す） リーダーは、ビジネス上の重要なインプットにフォーカスし、適正な品質で迅速にそれを実行します。たとえ困難なことがあっても、立ち向かい、決して妥協しません。

※ Amazon の「リーダーシッププリンシプル」をもとに構成

2 「まず、自分がこれまでの活動を通して発揮したと思えるリーダーシップはどれ
か、表から 2 つ選び、さらにその理由も書いてみましょう」

リーダーシッププリンシプルの中から、自分が実践できたと思われるものを 2 つ選んで
もらい、さらに理由を紙に書いてもらう。

3 「次に、これまでは発揮できなかったけれども、今後発揮していきたいと思うリ
ーダーシップを 2 つ選んで、書き出してください」

14 項目の中から 2 つ選んで同じ紙に書き出してもらう。ファシリテーターは、全員が
記入できているか確認。

記入例

これまで発揮したリーダーシップ

1. Customer Obsession

潜在ユーザーへの聞き取り調査を
繰り返し実施し、アプリにたびた
び改良を加えてきた。

2. Think Big

アプリのユーザーをとにかく増や
すことだけに集中せず、ユーザー
の困りごと全般に関心を寄せるこ
とで、新サービスの開発に結びつ
けてきた。

今後発揮したいリーダーシップ

1. Invent and Simplify

ついついあらゆる機能を盛り込みた
くなるが、本当に必要とされている
ことだけに選択＆集中を進めたい。

2. Frugality

ユーザー獲得のため、コストを度外視
してきた部分があるが、事業継続のた
めには収支にも注目していきたい。

これまで発揮したリーダーシップ

1. Learn and Be Curious

社外のセミナーや勉強会に積極的
に参加してきた。

2. Earn Trust

社内外で密にコミュニケーション
をとることで、信頼を得てきた。

今後発揮したいリーダーシップ

1. Deliver Results

今後は、これまでに学んだことや身
につけたスキルを実践に移したい。

2. Ownership

社歴が浅いためお客さま気分が抜け
なかったが、もっと責任感を持って
仕事に取り組みたい。

---

4 「みなさん書けましたか？　それでは、紙に書いた 4 つの項目とその理由をチーム内でシェアしてみましょう。1 人 2 分程度で、選んだ項目とその理由を簡単にお話ししてください」

チーム内でそれぞれ選んだ 4 つの項目とその理由を発表してもらう。スムーズにいくように、最初の発表者をファシリテーターが決めてもよい。2 分ずつタイムキープし、次の人に交代するように知らせる。

CLOSING
5 「人によってリーダーシップのかたちは異なります。重視していることも、人によって違いますよね。今日選んだ項目を頭のどこかに入れつつ、多様なリーダーシップ、そしてメンバーとしての貢献を考え、行動していけるといいですね」

このWSのねらい

「10 人いれば 10 人のリーダーシップのあり方があっていいのです。そして、リーダーだけがリーダーシップを発揮するのではなく、それぞれのメンバーがリーダーシップの要素を意識し、チームにコミットしているという共通認識も持つことが大事です。態度で示しているつもりでも、改めて言葉にすると『こういう思いが背景にあったのか』と互いに知ることができます。それにより相互理解も深まるでしょう」

アレンジ!

● リーダーでなくても、チームメンバーの気づかない長所をお互いに伝えてあげるいいチャンスです。この 14 項目の中から、お互いに優れていると思う点を 1 つ選んで、相手にプレゼントしてあげるのもいいですね。各チームメンバーから集まった言葉が、その人にとって新たな気づきと励ましになることでしょう。
● リーダーシップの指針を自ら考えるところから WS を始めるのもおもしろいでしょう。リーダーにはどんな素質やあり方、姿勢が必要なのか、さまざまな意見を付箋に書いてみんなで出し合い、その中から自分が発揮したいと思うものを選んでもいいと思います。今回出てこなかったような言葉や考え方が見つかるかもしれません。

身につくスキル

● チームワーク　● マネジメント　● リーダーシップ

COLUMN

広江 朋紀

ワークショップで大活躍するツール

私のWSでは、よくツールを取り入れます。ツールといっても、その中身はさまざまです。WS専用に作られたものばかりでなく、カード、写真、流木、石、船のアンカーロープ……。「このWSには、こんなものがあるといいな」と思って、自分で作ったり、製作をオーダーしたりすることもあります。

ではなぜ、WSでツールを使うことが有効なのでしょうか？

まず、ツールを取り入れることで、**「これは何だろう？」という興味、探究心、好奇心が参加者に芽生えます。**こうした気持ちは、対話を深める絶好のリソースとなるのです。

さらに、ツールを使うことで、注意の対象がファシリテーターやほかの参加者ではなく、ツール自体に向かいます。そうすることで、**人に面と向かって話しにくいことも、ツールを介して掘り下げることが容易になります。**ずっと抱えていたけれどなかなか言い出せなかった思い、口に出したら誰かに批判されるのではないかと悩んでいたこと。ツールを介せば、そんなことも言葉にできる場合があります。

例えば、WS06 では、STOCSというオランダのツールを使っています。STOCSは、建築家が考えた子どものための玩具です。グラスファイバーの芯が入っていて、上手に組み立てれば家のようなかたちもできます。

マシュマロとパスタの乾麺を使って机の上で行われることの多いこのタワー作りですが、STOCSは1本128cmと長く、組み立てるには大人でも全身を使って動き回る必要があります。この大きなツールを役員合宿でも使ったことがありますが、紺やグレーのスーツに身を固めた真面目な取締役のみなさんが、全身で支えたりしながら組み立てるのです。徐々に上着を脱いだりネクタイを外したりして気持ちがほぐれ、肩書きなどいつの間にか忘れ、自由に表現し取り組む様子が見られました。

WS20 では、私が奄美大島で拾ってきた流木を使っています。もちろんどんな木を使ってもかまいません。どこで拾った木にせよ、人の手が加わっていない自然が

創った造形物は、ありのままの姿にエネルギーを感じさせます。**芸術的な自然の恩恵にあずかるような気分になり、WS にもそのエネルギーが伝わる**ように思います。

　よくツールを探しに行く場所やイベントはいくつかあるので、ご紹介します。

● すごろくや

　海外製を中心に 500 種類以上のボードゲームをとりそろえているお店です。特にドイツゲーム大賞の受賞作品のコンポーネント（部品）は、表現が繊細で秀逸。いつも参考にしています。https://sugorokuya.jp/

● 東急ハンズ

　暮らしに役立つヒントを提供し、生活雑貨、コスメ、文具、キッチン用品、DIY 用品など、多彩な商品を扱っていますが、目的を持たずにぶらぶら見て歩くだけでヒントがもらえます。https://hands.net/

● デザインフェスタ

　プロ・アマ問わず、「自由に表現できる場」を提供するアートイベントです。WS の場づくり全般や、ツールの自作に活かせるインスピレーションをもらっています。https://designfesta.com/

　さらに、「あったらいいな」と思うものは、自分で作ることもあります。ありそうでないもの、誰もが一度は聞いたことがあるけれども、見たことや触ったことのないもの。例えば、経営幹部が団結するために対話サークルの中央に置いた「一枚岩」や、内定者が社会人になることへの不安と期待を語るときに使った「陰陽玉」です。**既知であるようでいて未知なものに参加者の好奇心がかき立てられ、WS の効果が高まります。**

　興味深いツールを見つけると、「ここからどんな WS ができるだろうか」とワクワクしてきます。あなたもツールを活用して、もっと楽しい WS をつくってみませんか？

これまでに WS で使ったおすすめツール

● Visual Explorer

　イラストや写真が印刷された 216 枚のカード。ビジョニング（ビジョンをつくる）のとき、本音や感情、痛み（ネガティブな出来事）を話すときなど、対話を深める際に重宝します。http://www.ccl.org/lead-it-yourself-solutions/facilitation-tools/

● Faces

　さまざまな国籍の人の顔（face）がモノクロで印刷された 99 枚のカード。人の表情には歴史や感情があり、多くを物語ります。それをインスピレーションとして対話することで、自分の深層にある隠れた意図や思いを表出させるのに役立ちます。他者の視点に立ったり、カスタマージャーニーのペルソナを考えたりするときにも有効。https://www.points-of-you-asia.com/ja/about/

● さまことばゲーム

「共創」がテーマの WS のアイスブレイクなどで役立つカードゲーム。それぞれ個別に引いたカードからキーワードを導き出します。例えば、「赤い」「ぬれた」「新しい」を引いたら「赤ちゃん」など。互いのリソースを活かして、いまここにない新たなものを生み出す成功体験を短い時間で体感することができます。

● 一枚岩（ラミネート加工の紙で自作）

「経営幹部一枚岩化ワークショップ」で使用。誰でも「一枚岩」という言葉は聞いたことがあるものの、実物を見たことはありません。自作の一枚岩を対話サークルの中心に置き、「いま私たちが、一枚岩になるために必要なことは？」という問いで対話をしてもらいました。

● 陰陽玉（3Dプリンターで自作）

　ものごとには、陰と陽の2つの側面があります。新しい変化を迎える際は誰しも、希望や期待に胸が膨らむポジティブな気持ちと、不安や悲観などネガティブな胸騒ぎを抱くもの。この陰陽玉は、内定者が社会人になるにあたって抱く期待や不安を言葉にし、未来への有効なトランジションを図ることを目的にしたWSで使用しました。陰陽玉を手に持ちながら、自分の中にある気持ちを語ってもらいました。

Part

3

アドバンスト編

ぎくしゃくしている組織や常に滞りがちな業務、
なかなか解決策が見つからない社会課題……。
一歩踏み込んだ現状打破にも、
ワークショップが役立ちます。

Part 3　アドバンスト編
多様性

価値観ベスト3

17

価値観の違いを認め合う

☑ 新人研修　☑ 管理職研修
☑ 異業種交流　☑ 多様性研修
☑ チームビルディング
☑ 人材育成　☐ SDGs
☑ 学校　☑ 地域

30分

案内人
松場 俊夫

こんなときに役立つ

● 異なる文化やバックグラウンドを持つ人が集まるとき
● 新しいメンバーでチームをスタートさせるとき

推奨人数	1チーム4～8人程度
必要なもの	価値観の一覧を載せた紙／それを映し出すプロジェクター、紙とペン×人数分
部屋のレイアウト	チームごとにアイランド形式。作業できる机があるといい

WORKSHOP

1　「こちらにさまざまな価値観を言葉にした表があります。この中から、自分が『いい』とか『大事だ』と思うものを3つ選んで、手元の紙に書いてください。この中にない場合は、自由に書き込んでください。3つの順位は決めなくてかまいません。では3分で選んでみてください」

価値観の一覧をプロジェクターで映し出すか、印刷して1人ずつ配布しておく。その中から価値観を3つ選んで、手元の紙に書き出してもらう。3分タイムキープ。

2　「それでは、チームの中で1人ずつ順番に『その価値観を選んだ理由』や『その価値観にまつわるエピソード』などを共有してください。『大切にしている価値観が反映されてうれしかった瞬間』や、逆に『価値観が理解してもらえず悔しかったこと』でもかまいません。1人3分ずつ発表しましょう」

ファシリテーターは、順番に回るようにサポートする。1人3分ずつ発表できるようにタイムキープ。

072

CLOSING 3

「価値観に『いい』『悪い』はありません。そして価値観は、環境や自分の成長度、視野によって変わるものです。お互いの価値観から新たな気づきも得られますね。年月を経て、またやってみてもおもしろいでしょう」

価値観の一覧 ⬇ DL

経験	知識	名声	役に立つ	希少性
自信	導く	クオリティ	信頼	概念
楽しさ	賞賛	達成	責任	表現
成功	忍耐	公正	スピード	冒険
持続力	野心	正確性	成長	伝統
No.1	ありのまま	個性	興奮	自己表現
努力	発見	分析	つながり	改革
協力	ユーモア	直観	主張	楽観性
安全	目標	正義	エネルギー	親切
サポート	寛大	競争	共感	客観性
本質	思いやり	率直	挑戦	豊かさ
精通	熱意	秩序	リスク	安定
美意識	良心	原則	役割	臨機応変
ルール	影響力	成果	平穏	一緒にいる
完璧	観察	計画	集中	人間関係
平和	可能性	関わる	コミュニケーション	美学
学ぶ	創造性	勇気	義務	愛情
自由	貢献	リラックス	自立	知性
与える	忠誠	協調	自分らしさ	感動
前進	デザインする	正直	新しさ	効率

このWSのねらい

「人は、価値観に沿ってものごとを判断しますが、時によって目先の損得で選択してしまうこともあります。価値観に沿って判断できるようになると、人生が充実したり、幸せになったりします。改めて自分の価値観とは何なのか、見つめ直す機会になるでしょう。また、お互いが大切にしている価値観について知ることで、意外な一面を発見したり、自分との共通点を見つけたりできるはずです」

アレンジ!

● 逆に「これだけは嫌だ」という価値観を3つ選んでもいいですね。ネガティブな視点からも、互いに大事にしている思いに気づくことがあるでしょう。
● 自分のキャリアを見直したいとき、1人で取り組んでみてもいいですね。

身につくスキル

● 傾聴力　　● キャリアプランニング　　● 内省力

Part3 アドバンスト編
多様性

卓上ゴールボール

18

ダイバーシティ の理解 を深める

☑ 新人研修　☑ 管理職研修
☑ 異業種交流　☑ 多様性研修
☑ チームビルディング
☑ 人材育成　☐ SDGs
☑ 学校　☑ 地域

30分

案内人
児浦 良裕

こんなときに役立つ

● 個人の違いを体感する
● 障がいのある人の立場を理解する

推奨人数	1 テーブルにつき 3 人（1 対 1 ＋審判役）
必要なもの	テーブル、アイマスク（ハチマキやタオルでもいい）×プレイヤー分、音が出るボール（鈴が入った猫用ボールなど）×テーブル分
部屋のレイアウト	アイランド形式。隣のテーブルとは少し距離をとっておく

WORKSHOP

① 「今日はパラリンピックの正式種目であるゴールボールを、簡易版でみなさんに
体験してもらいます。実際の選手は、視力の程度にかかわらず目をゴーグルで
覆って何も見えない状態で試合をするので、みなさんにもプレー中は目隠しを
してもらいます。試合は 1 対 1 で行い、1 人は審判役です。プレイヤーは、テー
ブルの両端に立ってください。交互に相手の陣地にボールを転がしてもらいま
すが、守る側は音を頼りにボールがテーブルから落ちないように止めてくださ
い。相手のテーブルのエンドラインから落ちたら 1 点獲得です。1 試合は 3 分。
では、試合スタート！」

実際には広いコートで、光も入らないアイシェードというゴーグルを着用し、まったく
見えない状態で音の出るボールを相手のゴールを狙って転がし合う、3 対 3 の種目。今
回はそれを簡易的にテーブルで体験してもらう。審判役以外は目隠しをする。プレイヤ
ーは交互にボールを転がし、サイドから落ちたら相手ボール。相手のエンドラインから
落ちたら 1 点獲得。ボールの音を頼りにプレーするので、周囲の人は静かに見守る。3
分タイムキープ。

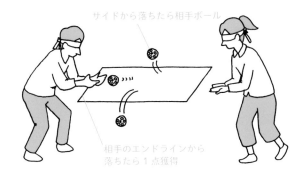

サイドから落ちたら相手ボール

相手のエンドラインから
落ちたら1点獲得

「今回はテーブルを使用したので、動く範囲はそこまで大きくなかったですが、実際のゴールボールの試合は、18m × 9m というバレーボールコートほどの広さで、3対3で行われる競技です。みなさんが実際に体験してみると、普段の生活から想像できない不自由さがあったのではないでしょうか？　相手の立場に立ってみて、初めてわかることが数多くあるはずです。ぜひみなさんも障がい者だけでなく、さまざまな困難を抱える人に思いを馳せて、相手の立場に立った体験を大切にしてください」

このWSの
ねらい

「イノベーションは不自由から生まれることがよくあります。例えば、ライターは、戦場で片腕を失った兵士がマッチで火をつけられなかったことから、片腕でも使えるように開発されたといいます。話を聞くだけよりも、実際に体験したほうが実感としてわかることが多くあります。まずはスポーツ感覚で楽しみながらトライしてみる。導入のハードルを下げることで多くの人に抵抗なく体験してもらえるのも、WS のよいところです」

アレンジ！

●ボッチャやシッティングバレーなど、ほかのパラリンピック競技にトライしてみるのもいいですね。ボッチャとは、ジャックボールという目標球となる白いボールに、自分の持ち球の6球をいかに近づけられるかを競うカーリングのような競技で、簡単に体験できます。

身につくスキル

● コミュニケーション　● 創造力　● 傾聴力

異文化コミュニケーション

19

文化の異なる
相手との
意思疎通

☑ 新人研修　　☑ 管理職研修
☑ 異業種交流　☑ 多様性研修
☑ チームビルディング
☑ 人材育成　　☐ SDGs
☑ 学校　　　　☑ 地域

40分

案内人
東 嗣了

こんなときに役立つ

● 異なる文化や背景の人の気持ちを理解したいとき

● 新しいメンバーとチームづくりをしたいとき

推奨人数	8 〜 20 人程度
必要なもの	それぞれのマナーが記載されたマナーカード
部屋の レイアウト	アイランド形式やサークル形式など、互いの顔が見えやすいようにする。机は排除してもいい

WORKSHOP

1　「みなさんはいま、国際会議に参加していると思ってください。海外からさまざまな国の参加者が集まっています。最初に 1 人 1 枚ずつ『マナーカード』というものを引いてもらいます。引いたカードは自分だけが見るようにして、ほかの人には見せないでおいてください」

最初に 1 人ずつマナーカードを引いてもらう。各カードには、極端な内容のマナーが書かれている。ファシリテーターは、それぞれの参加者に異なるマナーが割り振られるように、必要な枚数を事前に用意しておく。

A
話を聞くとき、絶対に相手と目を合わせない。目を合わせることは失礼にあたる。 自分から話をするときは、必ず手をまっすぐ高く挙げて相手の顔を見て、"Yes !"と叫び、話を始める。 あなたの年齢は45歳です。

B
人と話をするときには、終始相手の目を見つめ、意識的にたくさんまばたきする。 相手から目をそらすことは、非常に失礼にあたる。 相手が目をそらして話をしたら、指を差して失礼だ！と伝える。 あなたの年齢は25歳です。

C
あまり人に近づくのはマナー違反である。 手を伸ばしても届かないくらい（最低3m）距離を保つようにする。 相手が近づいてきたら、自ら距離を保つ。 あなたの年齢は25歳です。

D
年上の人を敬うのが礼儀である。初対面の場合は礼儀として、最初に相手の年齢を聞く。 年上なら、敬語で対話する。年下なら、あからさまに上から目線で偉そうな態度で接する（タメ語）。同じ年齢なら、背が高い人が優位となる。 あなたの年齢は45歳です。

E
最初に「Hey !」と片手を高く挙げ、大きな声で挨拶をする。 ポケットに手を突っ込んだり、両手を腰にあてたり、ガムを噛みながら話をする。 あなたの年齢は40歳です。

F
相手の言ったことに対して、必ず「それはなぜですか？」「どうしてそう思うのですか？」「もっと具体的に説明してください」などと常に論理的に聞き返すことをこの国では大切にしている。 あなたの年齢は25歳です。

2 「会議が一段落して、立食スタイルのコーヒーブレイクとなりました。お互いに自己紹介してネットワークを広げる絶好の機会です。ただし、それぞれ自分のマナーカードに書かれている設定の通りに振る舞い、相手と会話してください。2分ごとに合図をするので、相手を替えてください。2分間で話す内容はこちらです。まずは、『自分の名前』。次に『どこからこの国際会議に参加したのか』。そして3つ目は、『どんな仕事をしているか』です。名前も含め、本当のことを話しても、架空の名前や場所、仕事をお話しいただいてもかまいません。以上の3つを自己紹介として伝えながら、その間、先ほどのマナーカードに書かれている設定に基づいた態度をとってください」

ここで重要なのは、マナーカードに書かれた指示の通り、笑ったり恥ずかしがったりせず、大げさに演じてもらうよううながすこと。上記3つの話が終わってしまい時間が余りそうな場合には、その3つを切り口にお互いの話をしたり、質問し合ったりするようにうながすといい。ファシリテーターは、2分経ったらベルを鳴らし、違うパートナーを見つけてまた自己紹介を始めてもらう。全体の人数次第だが、3〜4回相手を替えたら終了する。

会話例1

> はじめまして！　Dと申します。
> あなたは何歳ですか？

> （ガムを噛みながら片手を挙げて）Hey！
> 私は40歳です。

> なんだ、年下でその態度は？
> どこから来たんだ？

> E国です。（ポケットに手を突っ込んで）
> いきなり年齢を聞くのもなかなかですけどね。

︙

会話例2

> はじめまして！　Cと申します。
> 今日は大盛況ですね！

> 私はFです。どうして大盛況だと思うのですか？
> 前回の会議より参加者が多いのですか？

> （遠ざかって3mを保ちながら）あ、いえ……。
> そんなことより、今日はどちらからいらっしゃったのですか？

> ちょっと逃げないでください。
> 今日は渋谷から来ました。それが何か関係ありますか？

︙

③ 「はい、それでは元の席にお座りください。みなさん、お互いどんな内容のマナーカードを持っていたか、わかりましたか？　周囲の人とグループを組んで、ほかのメンバーの内容を当ててみましょう」

かなり熱量が上がって盛り上がることが多いので、まずはクールダウンのために声を出させる。全体の人数に応じてグループの数を決め、分かれてもらう。3〜5分くらい時間を与える。

④ 「実際、みなさんはどんなマナーカードをお持ちだったのでしょうか？　それでは、自分のカードで指定されていたマナーを説明しながら、感想をチームの中で共有しましょう」

相手とのコミュニケーションで覚えた違和感や嫌悪感など、わき起こった感情をしっかりと認識させ、共有してもらうことが大切。3～5分くらい時間を与える。

5 「次に、このワークからどんな学びと気づきがあったかを考えてください。極端な文化やマナーが書かれていましたが、実際のところ、**私たちのお辞儀や、名刺交換の作法などは、もしかしたら外国人にはとても異質に感じるかもしれませんし、その逆の場合もあるでしょう。**グループでディスカッションしてみてください」

ここでの体験は、決して現実離れしたものではなく、異文化コミュニケーションではよく起こることだと認識してもらう。グループで3分程度ディスカッションしてもらい、その後グループごとに話し合った内容を発表してもらう。

CLOSING 6 「自分が当たり前だと思っている価値観や態度が、相手にどう影響するのか？自分が抱いた違和感は、**実は相手の問題ではなく、自分が当たり前とする価値観に根差しているのです。**これからの時代、価値観の違う人たちと一緒に働いていくうえで、まずは自分の当たり前は何であるかに気づくことが大切です。相手の態度に違和感を覚えたときは、相手を責めるのではなく、『**どんな価値観や文化が相手の中にあるのか？**』という点に興味を向けましょう」

このWSのねらい

「同質性の高い日本社会に慣れていると、自分の当たり前を人にも要求してしまうことがあります。国や文化が違えばもちろんですが、同じ国や同じ会社の中でも、異なる価値観やバックグラウンドを持った人がいることにも気づいてもらう機会になるといいですね。いつもとは違う自分を演じることで、実体験として気づくことがあるでしょう」

アレンジ！

● チームに分かれて、それぞれ自分たちのマナーやルールをつくってみるとおもしろいです。自分たちを1つの国だと考え、その国での行動や話し方などのルールをつくり、ほかの国（チーム）と交流してみるといいですね。

身につくスキル

● **コミュニケーション** ● **共感力** ● **共創力**

トーキング・サークル

20 新組織の ビジョンに 意識を統一

☐ 新人研修	☑ 管理職研修
☐ 異業種交流	☑ 多様性研修
☑ チームビルディング	
☑ 人材育成	☐ SDGs
☐ 学校	☐ 地域

60分

案内人
広江 朋紀

こんなときに役立つ

● 会社や部署の統合で、さまざまなカルチャーの人が一緒になるとき
● 新年度の始まりやキックオフで意識を統一したいとき

推奨人数	6 〜 30 人程度
必要なもの	手に持てる大きさの流木（またはそれに代わるもの）×人数分、木枠やビニールテープなどたき火の場所を示すもの
部屋の レイアウト	サークル形式で座る。動き回れるように机などを端に寄せ、広いスペースを確保する

WORKSHOP

1 「今日は新年度のキックオフ（または新部署の初ミーティングなど）ということ
で、集まっていただいてありがとうございます。新しく何かを始めるには、そ
れまでの物語をしっかりと『終える』ことが大切です。そこで今日は、これま
での（または昨年の）業務の中で最も印象に残っている出来事の中から、いま
だからこそ誰かに伝えたい『感謝』や、もっとこうしておけばよかったという
『後悔』を、みなさん一人ひとりと分かち合いたいと思っています」

キャリア理論でよく引用されるウィリアム・ブリッジズによると、これまでの物語とこ
れからの物語の間には移行期（トランジション）があり、それが効果的にマネジメント
されると次の段階を有効に進められる。これを説明しておくと説得力が増す。「新年度
なのに過去の話か」とまどろっこしく感じる人もいるかもしれないので、まず物語を
「終える」ことが大切だと強調する。

2 「『トーキングスティック』というツールを使って場を進めていきます。これは
ネイティブアメリカンが対話するとき伝統的に使ってきたもので、話をする人

が木の枝を持ち、それ以外の人は静かに耳を傾けるという約束で話し合いが進められます。さあ、スティックを渡します。順番に1人1つ思いを共有してください。話したら、その枝を真ん中のたき火スペースにくべてください」

木枠でもビニールテープでもいいので、部屋の中央にキャンプファイヤーのようなスペースを作っておく。話す人に枝を渡し、前の組織やリーダーとのよい思い出、後悔していることなど、1つ話してもらう。1人終わるごとに中央に枝をくべてもらう。

CLOSING
3 「(全員が話し終わったら、一人ひとりの声を聞くうちに見えてきた大切なものや意味があれば、全体に伝えて分かち合う)こうしたストーリーがあるからこそ、いまの自分たちがありますよね。いま出していただいた思いを火にくべながらも、感謝の気持ちを込めて、みなさんで拍手をしましょう。いま枝が燃えているのが目に浮かんでくるでしょうか？　これまでの物語に感謝をしつつ、この場を閉じましょう」

このWSの
ねらい

「異なる組織や部署が統合したり、チームのリーダーが入れ替わったりすると、これまでとの違いが受け入れられない心境になるのは、当たり前のことです。ただ、その思いを閉じ込めず、わだかまっていたことや言えなかったことを吐き出して共有すれば、新たな一歩への抵抗が薄れたりします。ここで真ん中に集まった木の枝は、思いが詰まっているのですぐには片づけず、みなさんが部屋を出てから片づけるという配慮もしたいですね」

アレンジ！

● 枝を片づけた後に、今度は新たな組織やチーム体制で取り組みたいこと、メンバーに伝えておきたい思いなどを一言ずつ言ってもらってもいいですね。1つの歴史が幕を閉じ、新たな一歩を踏み出すきっかけになるでしょう。

身につくスキル

● 信頼関係　　● チームワーク　　● 内省力

リーダーズインテグレーション

21

リーダーとの意思疎通と結束を図る

☐ 新人研修　☑ 管理職研修
☐ 異業種交流　☐ 多様性研修
☑ チームビルディング
☐ 人材育成　☐ SDGs
☐ 学校　☐ 地域

90分

案内人
広江 朋紀

こんなときに役立つ

● 既存のチームに新しいリーダーが来たとき
● 部門や部署などの組織変更が実施されたとき

推奨人数	特になし
必要なもの	付箋、ペン×人数分、ホワイトボード／模造紙
部屋のレイアウト	シアター形式やサークル形式など

WORKSHOP

1 「今日は、新しいリーダーとチームメンバーがもっとお互いを知るための WS を行います。まず、リーダーから自己紹介と、これまでやってこられた仕事などを 5 分程度でお話しいただけますか?」

リーダーが前に出て、参加者に向けて自己紹介する。これまでの仕事や興味などを話してもらうといい。簡単な自分史(出来事／思ったこと／手に入れたもの／失ったもの)を事前に作成してもらい、それを配布しながら話してもらうやり方もある。あまり話が長くなりすぎないように、5 分程度を目安とする。

2 「それでは一旦リーダーには退室していただきます。(退室後)ここからは、メンバーのみなさんが知っていることや伝えたいことを出していきましょう。まずみなさんが『①リーダーについて知っていること』を何でもかまわないので付箋に書いて、ボードの①の欄に貼り出してください。それでは 5 分で記入し、5 分で貼りながらお互いに共有しましょう」

リーダーには、この WS では自分だけ退室する時間帯があると事前に理解してもらって
おく。ボードか模造紙に 4 つの欄を設け、付箋を貼り出せる場所を作っておく。誰でも
知っている基本的な情報だけでなく、意外な一面なども書き出すようにうながす。付箋
が貼れたら、類似している内容は近くに並べるなど、整理したり分類したりするよう参
加者にうながす。5 分タイムキープする。

リーダーズインテグレーションの 4 つの欄

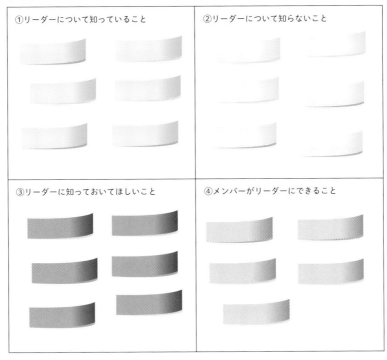

3 「次は、『②リーダーについて知らないこと』を 5 分で書いてください。みなさ
んが聞いてみたいこと、知っておけたらいいなと思うことを書いてみてくださ
い。できたらまた共有しながら貼りましょう」

仕事や会社に対する考え方についてでもいいし、雑談のネタになるようなプライベート
や趣味のことでもいい。5 分タイムキープする。さらに①と同様、5 分間で整理や分類を
しながら共有する。

4 「今度はみなさんが『③リーダーに知っておいてほしいこと』を 5 分で書き出し
てください。どんなに小さいことでもかまいません」

チーム内で暗黙の了解となっていることや、各メンバーがいつも務めている役回り、新

リーダーへの要望などでもいい。5分タイムキープする。さらに、5分間で整理や分類を しながら共有する。

5 「最後に『④メンバーがリーダーにできること』です。みなさんが新しく来たリーダーに対して支援できることや、実はこんなことができるというスキルや役割でもかまいません。5分で書き出してみてください」

エクセルやパワポが得意、など仕事に直結するものでなくても、「食べ歩きが趣味なので打ち上げの店探しは任せて」などでもいい。5分タイムキープする。さらに、5分間で整理や分類をしながら共有する。

6 「それでは記入と共有が終わったので、今度はみなさんに一度退室していただき、リーダーに入っていただきます」

メンバーは退室し、リーダーだけ入る。4つの欄に書かれた付箋を見ながら、回答を考えてもらう。リーダーには、付箋に書かれたことすべてに対し回答をいますぐ出す必要はない旨を伝えておく。(時間がない場合は、メンバーに退出させずにそのまま続けても可。メンバーを退出させるメリットは、リーダーが落ち着いて思考を整理する時間がとれることにある。一方のデメリットは、メンバーが多い場合、待機場所を確保する必要があったり、所用や電話対応などで戻ってこなかったりする点)

7 「いよいよメンバーのみなさんに入室してもらいます。(全員集まったら)それでは、みなさんからいただいた質問や提案への回答を、リーダーからお願いします」

出されている質問や提案について、リーダーに答えてもらう時間を10〜15分くらい少し長めにとる。すべての項目に答えなくてもいいが、答えやすそうなものや参加者が気になっているような質問は、ファシリテーターからリーダーに振ってみてもいい。ポジティブな雰囲気で進むようにサポートする。メンバーから説明を加えてもらってもいい。

「ありがとうございました。リーダーへの質問や要望、自分が貢献できることを改めて洗い出すことで、今後どうすればチームがうまく回るのか、なんとなくイメージができたのではないでしょうか？　チームをつくっているのは、リーダーだけではありません。このチームで気持ちよく働けるかどうかは、みなさん次第です。せっかく新しいスタートを切ったので、みなさんで新しいチームをつくっていきましょう」

**このWSの
ねらい**

「新しいリーダーが入ってきても、下は文句を言わずについていくだけ……と思っている人も多いのではないでしょうか。しかし、職場の環境というのは、リーダーだけではなく全員でつくり上げるものです。それをメンバーに自覚してもらうチャンスです。さらにリーダーもメンバーとの信頼関係を築く機会ですので、仕事と関係ない質問などでも、できる限り応じてほしいですね」

アレンジ！

● この後さらにリーダーやメンバーに、今後このチームで目指すことや自分がやろうと思うことを宣言として紙に書いて発表してもらうと、さらに結束が強まるでしょう。

身につくスキル

● コミュニケーション　● 信頼関係　● チームワーク

コラボ・ペインティング

22 チームの気持ちを1つにする

☑ 新人研修　☑ 管理職研修
☐ 異業種交流　☑ 多様性研修
☑ チームビルディング
☐ 人材育成　☐ SDGs
☐ 学校　☑ 地域

120分

案内人
広江 朋紀

こんなときに役立つ

● 会社や部署の統合で、さまざまなカルチャーの人が一緒になるとき
● 自社の「らしさ」（DNA）を振り返り、新たな未来を生みたいとき

推奨人数	10 〜 30 人程度
必要なもの	種カード×人数分、大きな模造紙、ペインティングの道具（絵の具、クレヨン、色鉛筆、ペンなど多種そろえる）、手を拭くもの、水道など手を洗える場所
部屋のレイアウト	サークル形式で大きな円を描くように椅子を並べて座る。動き回れるように机などを端に寄せ、真ん中に広いスペースを確保する

WORKSHOP

① 「これまでの仕事経験の中で、『あの経験があったから、いまの自分がある』と感じることを思い出してください。そして、近くの方と3人組になって順番にそのストーリーを共有します。1人3分くらいでお願いします」

まずは椅子だけのサークル形式で座ってもらい、WSを始める。近くの人と3人組になってもらい、順番に話を共有していく。「あの成功体験があったから、より困難なプロジェクトに挑戦することができた」などポジティブな経験でも、「あのハプニングがあったからこそ、何でも乗り越えられるという自信がついた」などネガティブな経験でもいい。ファシリテーターは、グループづくりのサポートや、1人3分ずつのタイムキープをする。

② 「いまお話しされた経験談の中には、一人ひとりが大事にしている価値観やアイデンティティが隠れていました。改めて、他者に話してみて整理されたり気づけたりしたこともあるでしょう。では、**いまの自分をつくった経験を1つのキ**

ーワードやフレーズで、自分が大事にしている価値観や自社の『らしさ』（DNA）を１つのキーワードやフレーズで表現し、お配りする『種カード』にそれぞれ記入してください」

種のイラストが書かれた種カードとペンを全員に配り、いまの自分をつくった経験を上半分に、自分が大事にしている価値観や自社の「らしさ」を下半分に書き入れてもらう。例えば上半分には、「絶体絶命のピンチ！」「お客さまから届いた感謝状」など、下半分には「挑戦者マインド」「カスタマーファースト」など。ほかの参加者が見やすいように簡潔に大きめに書くように声をかける。全員が書き終わるよう見はからいながら、時間を調整する。

種カード ⬇ DL

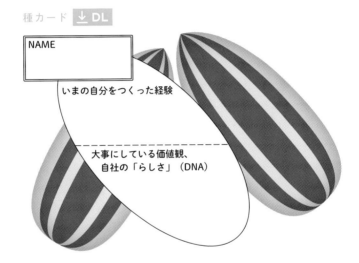

NAME

いまの自分をつくった経験

大事にしている価値観、
自社の「らしさ」（DNA）

3 「書けましたか？　それでは、みなさん円に戻ってください。種カードに書き込んだ２つのキーワードとそれに関する思いを順番に１人１分程度で発表してください。発表した人は、中央に置かれた大きな模造紙の下の部分に種カードを貼ります。まっさらなところに種を蒔くイメージでお願いします」

全員で大きく円座になってもらい、その中央に大きな模造紙を用意しておく。下に新聞紙などを敷いておくといい。円座の状態で、１人１分程度で発表していってもらう。１人終わるごとに拍手をしてみんなで分かち合い、本人は模造紙に自分の種カードを貼る。模造紙の下の部分を地面に見立て、後でそこから発芽して発展していく様子を描いてもらうため、カードは一番下に横並びに貼っていく。１人ずつそれを繰り返す。

4 「みなさんの思いがこもった種が蒔かれました。では、これが芽吹いたときにど
んな世界になるのか、みなさんで絵を描いてみましょう。置いてある画材のど
れを使ってもかまいませんが、必ず1人1回は筆などを使わず素手で塗ってみ
てください」

必ず全員が少しでも参加できるように、ファシリテーターはサポートする。最初はぎこ
ちなく始まっても、誰かが描き始めると次第にみんなが手を動かすようになる。30分〜
1時間くらいたっぷり時間をとって、全員で絵を完成してもらう。筆やペンなど好きな
ものを使ってかまわないが、1人1回は手に直接絵の具をつけるなどして、素手で描画
に参加してもらう機会を持つ。手が拭けるおしぼりなどを用意しておくといい。

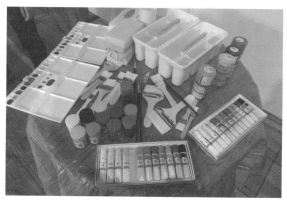

CLOSING

5

「完成しましたね！ 最初は1人ずつ遠慮がちに参加していたのが、どんどん積極的になっていきました。ほかの人が描いた絵からインスピレーションを受けるなど、動きが大きく広がっていきましたね。みなさんの表情がだんだん明るくいきいきとしていくのがわかりました。こうして一人ひとりは別々の思いを持っていても、**認め合い、助け合うことで素敵な絵が完成しました**。だからこそ普段の仕事でも、お互いに助け合っていけるといいですね」

**このWSの
ねらい**

「『種』でそれぞれ大事にしてきた思いを吐き出し、みんなで1つの絵を作ることで思いが目に見えるかたちに。種から土、根、雨、川、山、木が育って花が咲く……。誰かのアイデアを次の人が広げていくのは、相手への肯定が新たなものを生む『YES and』の精神。私たちは逆に、『NO because』という否定から入ってしまいがち。このWSでは、お互いを肯定して次へつなげる感覚を体感できます。また、手を使うことでタガが外れ、童心に戻れるという効果も期待できるでしょう」

アレンジ！

● 「種」ではなくても、世界観が広がるようなほかのアイコン的なものにしてもいいでしょう。できた絵を見て、1人ずつどんな学びがあったか共有するとさらにいいですね。

身につくスキル

● 信頼関係　● チームワーク　● 共創力

ビジョンチャート

23

ブレずに
プロジェクト
を進行する

☑ 新人研修	☑ 管理職研修
☐ 異業種交流	☐ 多様性研修
☑ チームビルディング	
☑ 人材育成	☐ SDGs
☑ 学校	☐ 地域

60分

案内人
児浦 良裕

こんなときに役立つ

● 新プロジェクトなどが始動するとき
● 取り組んでいるプロジェクトが難航し、新たな風を入れたいとき

推奨人数	1チーム3～8人程度
必要なもの	ビジョンチャート×チーム分、ペン×人数分
部屋の レイアウト	チームごとにアイランド形式。作業できる机があるといい

WORKSHOP

① 「今回のミッションは、『新商品の認知度を上げる』ことです（そのときに応じたミッションを設定）。ミッション達成のためには、一歩一歩階段を上っていく必要がありますよね。そのために最低限考えなくてはならないことをチャートに表現しました。今日は、チームごとに話し合いながら、この『ビジョンチャート』を完成させていきましょう。ビジョンチャートは『ビジョン』『現状』『アンカー目標』の3点を考えて固定させることが重要です。まずチームごとに、この新商品のターゲットとなるのはどんな人なのか、考えてみましょう。年齢層や住んでいるところ、家族構成や趣味、好きなファッションや生活スタイルなど、なるべく具体的に想定してみてください。それでは5分間チームで相談し、ビジョンチャートのⒷに書き出してください」

チームごとにビジョンチャートとペンを配る。ミッションは、参加者やWSの目的に合わせて設定する。それを達成する際にターゲットとなる人を相談して書き出してもらう。ファシリテーターは5分タイムキープする。

ビジョンチャート ⬇ DL

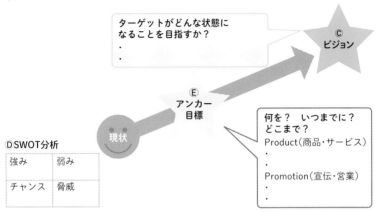

Ⓐミッション:

Ⓑターゲット:

ターゲットがどんな状態に
なることを目指すか?
・
・

Ⓒ
ビジョン

Ⓔ
アンカー
目標

現状

何を? いつまでに?
どこまで?
Product(商品・サービス)
・
・
Promotion(宣伝・営業)
・
・

ⒹSWOT分析

強み	弱み
チャンス	脅威

② 「では、そのターゲットの人にとって、この新商品を生活に取り入れることでどのような変化が起こり、どんな日々を送れるようになるのでしょうか? **ミッションが達成された世界をチームで話し合い、ビジョンチャートのⒸに書き足していきましょう。10分差し上げるので、話し合って書き出してください**」

今回の場合、新商品を購入した人にどんなよい変化が起きるのか、日常生活を想定して書き出してもらう。別のミッションでも、それが達成されるとターゲットはどんな生活を送れるようになり、どんな変化が起きるのかなど考えてもらう。場合によっては、絵やレゴなどで表現してから言葉に直すと効果的。10分タイムキープする。

ビジョンチャート記入例 (A 〜 C)

Ⓐミッション
・新商品(高級万年筆)の認知度を上げる

Ⓑターゲット
・20代後半男性、社会人3〜5年目で仕事に慣れてきた時期、モノ選びにこだわりがあり、デザイン性の高い文具が好き、週末は映画や美術館に行く、年収500万円程度、電機メーカーの正社員、普段はオフィスカジュアル、未婚

Ⓒビジョン(ターゲットがどんな状態になることを目指すか?)
・ビジネスで顧客から信頼されそうな雰囲気にあふれている
・ちょっとした持ち物にもセンスがあふれ、上司や後輩から一目置かれる

3 「今度は、自分たちの強みやスキルを改めて見つめ直してみましょう。それぞれの人やチームには、これまでの経験や培ってきたスキル、強みがあると思います。また、社会の流れや流行りなど、活かしたいチャンスとしてはどんなものがあるでしょう？　一方で、弱みや気がかりな脅威もありますよね。そうした事柄を洗い出し、『強み』『弱み』『チャンス』『脅威』に分けて、チームで相談して書き出してみましょう。10分で取り組んでみてください」

「強み（Strength）」「弱み（Weakness）」「チャンス（Opportunity）」「脅威（Threat）」に分けて組織を分析するのは、頭文字をとって「SWOT分析」と呼ばれる。SWOTの4つの欄が設けられた紙をあらかじめ用意しておくと便利。現状分析に時間をかけすぎる組織が多いので、あまり凝りすぎないように注意する。10分タイムキープする。

ビジョンチャート記入例（D）

強み　Strength	弱み　Weakness
・すでに弊社の文具ブランドが持っている高級文具のイメージ ・卓越したなめらかな書き心地 ・独自技術が活かされている	・万年筆市場でまだ知名度が低い ・広告予算が少ない
チャンス　Opportunity	脅威　Threat
・新しい文具のコンセプトショップが都心にオープンする ・万年筆を使ったキャンペーンが予定されている	・競合他社の万年筆の知名度が高い ・新しいボールペンが話題になっている

4 「それでは、これまで書き出した内容を見て、改めてビジョン実現のために、何をすべきか考えてみましょう。強みやチャンスを活かし、弱みや脅威に打ち勝つために何ができるのでしょうか。まずはビジョン実現に向けて一歩目のアクションとなる『アンカー目標』を考えてみてください。Product（商品・サービス）とPromotion（宣伝・営業）のそれぞれについて、時期や目指す状態、とるべきアクションなど、できる限り具体的に表現してください。チームで15分間相談して、ビジョンチャートのEに書き出してみましょう」

アンカー目標の設定時期は3カ月〜1年程度が望ましい。アンカー目標とは、「だるまさんが転んだ」でいうところの「はじめの一歩！」のこと。具体的な状態やアクションとして書き出してもらう。15分タイムキープする。

E アンカー目標(何を？　いつまでに？　どこまで？)
Product(商品・サービス)
・3カ月以内にパッケージデザインについて20代男性10人に聞き取り調査する
・半年以内にパッケージデザインを改良する
Promotion(宣伝・営業)
・3カ月以内に文具フェアのブースイメージをデザインする
・半年以内に高級文具ラインのデザインを活かしたポスターイメージを作る

5　「最後に、チームごとに『ビジョンチャート』をもとに発表してもらいましょ
う。順番に2分程度でお願いします」
各チームを順々に指していき簡単に説明してもらい、発表ごとに全員で拍手する。

CLOSING
6　「チームのビジョンと現状が明確になり、一歩目であるアンカー目標がみなさん
の中に見えてきたと思います。大きな道のりもまずは一歩から。チームで踏み
出す一歩目を大事にして、実行に移していきましょう」

このWSの
ねらい

「企業でも学校でも、大きな目標を掲げてもつい目先の利益ばかり追求し
てしまい、方向がずれてしまうことがあります。しかし、誰がどんな状態
になることを目指すのか、それは現在地からどれくらい離れているのか、
はじめの一歩をどう踏み出すのか、と考える時間も必要です。『ビジョ
ン』『現状』『アンカー目標』の3点をしっかり固定すると、浮足立つ
ことはなくなるでしょう。現状分析をしたうえで、チームとして具体的
な行動につなげられるといいですね」

アレンジ！
●学校で行う場合には、「パラリンピックの集客を増やすために、学生としてどう
貢献できるか？」といった社会とつながりのあるテーマ設定をしたり、「学園祭に
来てくれる人に楽しんでもらうために、どのような企画をするか？」など学校生
活の行事や目標を入れたりしてもよいですね。

身につくスキル

● 信頼関係　● マネジメント　● 論理的思考力

アクションコード

24 プロセスを分解して改善する

- ☑ 新人研修　☑ 管理職研修
- ☐ 異業種交流　☐ 多様性研修
- ☐ チームビルディング
- ☑ 人材育成　☐ SDGs
- ☑ 学校　☐ 地域

40分

案内人
児浦 良裕

こんなときに役立つ

- ● これまでのやり方に新しい視点を入れたいとき
- ● 日常の業務プロセスや行動を分析し改善したいとき

推奨人数	特になし
必要なもの	アクションコードを書いた紙、付箋、ペン×人数分、プロジェクター／ホワイトボード
部屋のレイアウト	アイランド形式かスクール形式。作業できる机があるといい

WORKSHOP

1　「普段行っている業務のプロセスやプロジェクトの進行が、これまでのやり方に凝り固まってしまい、行き詰まったりしていませんか？　もっと新たな視点を自分で見つけるために、今回は思考コードを用いて、改善点を洗い出してみます。思考コードとは、1つの切り口だけでものごとを見るのではなく、評価軸を2本設定して、9つのマトリクスに分解して現状を把握する方法です。縦軸は対象が自分から社会へと広がり、横軸は学びや経験が思考から行動へと広がるのを表しています。縦軸の1は自分、2は他者、3は社会を示し、横軸のAは知識や理解のInput、Bは思考や論理のThinking、Cは創造や省察のOutputを示しています。まずは基本の思考コードの考え方を理解しておきましょう」

基本の思考コードをプロジェクターに映し出すなどして見せる。縦軸と横軸の基本的な設定を理解してもらう。

基本の「思考コード」 ⬇ DL

対象	3 社会	A3	B3	C3
	2 他者	A2	B2	C2
	1 自分	A1	B1	C1
		A 知識・理解 〈Input〉	B 思考・論理 〈Thinking〉	C 創造・省察 〈Output〉

スキル

※思考コードとは、学校教師が自分の授業を9つの枠で構成されたマトリクスを用いて分解し、アクションの飽和と不足のバランスを把握するためにつくられたフレームワーク。もともと「首都圏模試センター」と「21世紀型教育機構」が開発したもので、それを聖学院中高バージョンに改訂している。アクションコードはその応用版。

2 「さて、今回使うのは思考コードの応用版であるアクションコードです。縦軸と横軸は、テーマや目的に合わせて自由に設定できます。今回のテーマは、商品開発に関連する業務を分析して改善すること（テーマはそのときに応じて設定）なので、アクションコードの縦軸と横軸を次のように設定しました」

全員にアクションコードの紙を配る。テーマに合わせて、縦軸と横軸を決めておく。

「アクションコード」の例 ⬇ DL

対象	3 社外 フィールドワーク	A3	B3	C3
	2 社内 グループワーク	A2	B2	C2
	1 社内 個人ワーク	A1	B1	C1
		A 情報収集・課題発見 〈Input〉	B 課題解決アイデア 〈Thinking〉	C プロトタイプ 設計・テスト 〈Output〉

プロセス

3 「それでは、商品開発に関連する業務についてアクションコードを用いて考えてみましょう。商品開発に関して、この1週間で行った業務を洗い出します。細かい作業や打ち合わせなども含め、一つひとつ付箋に書き出しましょう」

実施した作業やプロセスを付箋1枚に1つずつ書いてもらう。まずは9つの枠に入れずに、作業を書き出してもらうことから。10分くらい時間をとる。

4 「それでは、いま書き出した付箋を、9つの枠に当てはめて分類し、貼ってみてください。周囲の方と相談しながらでもかまいません。5分間差し上げます」

ファシリテーターは、どう分類すればいいか相談に乗りながらサポートする。

業務の洗い出しと分類の例

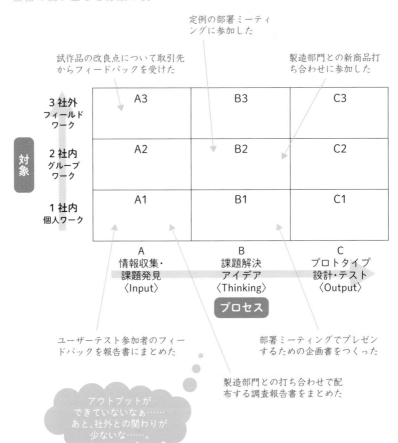

5 「貼れましたか？　全部の枠が埋まらなくてもかまいません。いまたくさんの付箋が貼られているところ、逆に空いているところはどこでしょうか？　新たなアイデアを得たり、プロジェクトをさらに展開させていくために、いま空いている枠のアクションが必要となるかもしれません。**具体的にどんなアクションがとれるのか、考えて書き出してみましょう**」

できれば先ほどとは違う色の付箋を用意して、これからできることを考えて書き出してもらう。空いている枠に注目して考え、書けたら該当する枠に貼る。

CLOSING 6 「**こうして普段の行動をアクションコードで分解してみると、思考やアクションが一定の枠にとらわれがちだったことがわかると思います。今日出たアクションの案にトライし、また行き詰まったら横軸を替えて検討してもいいですね**」

このWSのねらい

「アクションコードは、2つの軸をもとに思考やアクションを分解し、客観的に整理するときにとても有効です。商品開発なら『なぜか同じ傾向の提案しかできない』、営業なら『なぜか新規開拓がうまくいかない』といった悩みがあるかと思います。その裏には、気づかぬうちに同じ行動や思考サイクルを繰り返してしまっていることがあります。それを改めて一つひとつ書き出して考えていくことで、もっと広がりや外へのつながりも持てるでしょう」

アレンジ！

● 個人ではなくチームで相談しながら取り組んでもいいでしょう。例えば営業部なら、普段どのように営業活動しているのかロールプレイしてみて、メンバーと一緒にその行動を1つずつ付箋に書き出し、アクションコードに分類します。周囲とともに客観視することで、本人も気づいていない特徴や穴が見つかるかもしれません。横軸に「『不信』のクリア」「『不要』のクリア」「『不適』のクリア」を置き、縦軸には、「担当者個人」「課・チーム全体」「会社・組織全体」を置くとよいです。
● 学校の場合には、教員の授業研修でも活用できます。自分の授業内容を客観視してとらえることができるでしょう。聖学院中学校・高等学校では、教員が月に1回、授業デザイン研究会を行っており、前出の思考コードを使い、教員一人ひとりの授業プロセスを分析しています。

身につくスキル

● 論理的思考力　● 内省力　● 社会課題解決力

簡易プロセス分析

25 ボトルネックを見つけて解決する

- [ ] 新人研修　　[✓] 管理職研修
- [ ] 異業種交流　[ ] 多様性研修
- [✓] チームビルディング
- [✓] 人材育成　　[ ] SDGs
- [ ] 学校　　　　[ ] 地域

50分

案内人
東 嗣了

こんなときに役立つ

- 部門間、業務間の壁を感じるとき
- 本質的な問題解決につながるアイデアが求められているとき

推奨人数	1チーム6人程度
必要なもの	模造紙×チーム分、付箋、ペン×人数分
部屋のレイアウト	アイランド形式など、壁に貼った模造紙を見ながら議論ができる配置

WORKSHOP

1　「まず、みなさんが改善したい業務（例：公開型ワークショップの開催準備）のフローを模造紙に時系列に書いてみましょう。5分差し上げます」

課題として最適なのは、「予定通り業務が進まない」、「責任が不明確」、「同じ問題の繰り返し」といった連携不足に起因するものなど。左から順に、大まかな業務内容を書いてもらう。多くても6つ程度のプロセスに分ける。ファシリテーターは5分タイムキープ。

「公開型ワークショップの開催準備」を例にした業務のフロー

企画の立案　▶　集客宣伝　▶　申し込み対応　▶　開催　▶　フォロー

2　「次に各プロセスの下に、**業務としてのあるべき姿や、それがもたらす理想の状態**をメンバーと議論しながら、簡潔に書いてみましょう。10分差し上げます」

「企画の立案」なら「最新のトレンドを考慮した魅力ある企画」など。「集客宣伝」なら「普段なかなか会えない対象層に興味を持ってもらう」など。10分タイムキープ。

3 「次は『あるべき姿』の下に、**実際の業務の現状を書いていきます。ここからは付箋に記入して貼っていきます。現状でできていることは青色、できていないことは灰色の付箋を使いましょう**」

「これまでご縁のなかった学校関係者から問い合わせが増えている」、「参加者情報が一元化されず、手作業で集計してミスが発生している」など具体的に。10分ほどタイムキープ。

4 「**それでは模造紙を見て、気づいたことをチーム内で共有してください。どこが業務プロセスを停滞させる『ボトルネック』で、影響力の大きい問題となっているか？　ここを改善しない限り何も変わらない、という本質的な原因を探求しましょう**」

チームの雰囲気や流れを見ながら、5〜10分ほどタイムキープする。

^{CLOSING}
5 「これは、各担当がそれぞれ一生懸命業務に取り組んでいるにもかかわらず、なぜか問題が継続的に起きているときに有効な分析です。問題の犯人探しよりは、『どうすれば全体がよくなるか？』に意識を向けて取り組みましょう！」

**このWSの
ねらい**

「これは、業務改善のアイデアを出す1つの切り口として『簡易プロセス分析』を行うWSです。組織全体の上流から下流までの大きなプロセスでも、ある特定の業務のプロセスでもかまいません。時系列のプロセスの中で、『どのプロセスがボトルネックになって問題を滞らせているか？』という真因を特定して、部分最適から全体最適に広げるために必要な課題解決アイデアをメンバーで考えられるでしょう」

アレンジ！

● 今回それぞれのメンバーがプロセスを可視化したことで見えてきた、個人として取り組みたいことを紙に書いて並べて貼ってみてもいいですね。お互いの気持ちが共有できるでしょう。

身につくスキル

● 共創力　　● マネジメント　　● 論理的思考力

つながりとシステム

26

SDGsを自分に結びつける

- [ ] 新人研修　　[✓] 管理職研修
- [ ] 異業種交流　[ ] 多様性研修
- [ ] チームビルディング
- [ ] 人材育成　　[✓] SDGs
- [✓] 学校　　　[✓] 地域

50分

案内人
東 嗣了

こんなときに役立つ

● 社会課題を自分のこととして理解したいとき

● SDGsを切り口に協働の可能性を模索したいとき

推奨人数	8〜10人程度
必要なもの	SDGsの17の目標のロゴと説明文を1つずつ印刷した紙（A4程度で十分）、床に貼るマスキングテープ、模造紙、付箋、ペン×人数分
部屋のレイアウト	はじめは机も椅子もなくし、床にマスキングテープで線を引いて部屋を3つの領域に区切り、17の目標を並べる

WORKSHOP

1 「いま、部屋が3つに区切られています。SDGsの17の目標を大きく3つに分類した『自然環境システム』『社会システム』『経済システム』を表しています。3つの領域の中にはそれぞれ関連するSDGsの目標が並べられています。まずはそれぞれの目標が何を意味するか、その背景にある社会課題は何なのか、各領域や目標の前に立って、そこにある問題や願いをしっかりと自分とつなぎ合わせながら考えてみましょう。歩き回ってかまいませんので、まずは静かに自分とのつながりを3分ほど考えてみてください」

事前にSDGsについての概論、17の目標については最低限理解している状態が望ましい。ここでは、すでに頭で理解しているSDGsの各目標の内容を、もう少し自分ごととして考えを深めていく。まずは無言で、それぞれの目標の意味をしっかりと味わう時間をつくる。それぞれの領域を全員が見て回った時点で、質問などないかお互い確認の時間をとってもいい。ファシリテーターは3分ほどタイムキープ。

国連の持続可能な開発目標（SDGs）

自然環境システム　　　　　　　　　　　　　　　経済システム

社会システム

1. あらゆる場所で、あらゆる形態の貧困に終止符を打つ
2. 飢餓に終止符を打ち、食糧の安定確保と栄養状態の改善を達成するとともに、持続可能な農業を推進する
3. あらゆる年齢のすべての人々の健康的な生活を確保し、福祉を推進する
4. すべての人々に包摂的かつ公平で質の高い教育を提供し、生涯学習の機会を促進する
5. ジェンダーの平等を達成し、すべての女性と女児のエンパワーメントを図る
6. すべての人々に水と衛生へのアクセスと持続可能な管理を確保する
7. すべての人々に手ごろで信頼でき、持続可能かつ近代的なエネルギーへのアクセスを確保する
8. すべての人々のための持続的、包摂的かつ持続可能な経済成長、生産的な完全雇用およびディーセント・ワークを推進する
9. レジリエントなインフラを整備し、包摂的で持続可能な産業化を推進するとともに、イノベーションの拡大を図る
10. 国内および国家間の不平等を是正する
11. 都市と人間の居住地を包摂的、安全、レジリエントかつ持続可能にする
12. 持続可能な消費と生産のパターンを確保する
13. 気候変動とその影響に立ち向かうため、緊急対策を取る
14. 海洋と海洋資源を持続可能な開発に向けて保全し、持続可能な形で利用する
15. 陸上生態系の保護、回復および持続可能な利用の推進、森林の持続可能な管理、砂漠化への対処、土地劣化の阻止および逆転、ならびに生物多様性損失の阻止を図る
16. 持続可能な開発に向けて平和で包摂的な社会を推進し、すべての人々に司法へのアクセスを提供するとともに、あらゆるレベルにおいて効果的で責任ある包摂的な制度を構築する
17. 持続可能な開発に向けて実施手段を強化し、グローバル・パートナーシップを活性化する

2 「いまから、個人として興味や関心がある目標または領域の前に立ってください。（しばらくして、全員がそれぞれの場所に立ったら）それでは、みなさんに質問です。なぜ、その目標や領域の前に立ったのか？　個人としてどんな問題意識や願いがあるのか？　声を出せる方からどうぞ」

参加者一人ひとりが、一個人としてどんな社会課題に興味関心があるかを対話する場にする。評価されたりすることなく、それぞれが安心して自分の思いを語れる場をつくることが大切。1人ずつ発言しにくい状況だったら、まずは近くの人と対話してもらうかたちでもいい。または、ファシリテーターが話せそうな人から声をかけてもいい。

3 「次に、自分たちが所属している組織（地域など）に関係しそうな目標または領域の前に立ってみましょう。（しばらくして、全員がそれぞれの場所に立ったら）それでは、みなさんに質問です。なぜ、その目標や領域の前に立ったのか？　どんな問題意識や願いがあるのか？　声を出せる方からどうぞ」

ステップ2と同じやり方で、今度は企業や組織としての視点に立ってみる。「私」から「私たち」に主語を切り替え、SDGsとのつながりに意識を向けることをうながす。人や立場によって、関係する社会課題や目標が違うことに気づくのも大切。話しづらそうであれば、ファシリテーターが順番に聞いていくなど、発言をうながすとよい。

4 「（それぞれの意見が共有できたら）それでは、同じ領域に立っている近くの方と3人組か4人組になって、そのまま床に座ってください。そのメンバーの中で興味関心が高い社会課題、何とかしたいと思っている問題を1つ選びましょう。そして、次の問いに取り組んでみます。自分たちの無意識、無自覚な行動、ついついやってしまっている行動がこの問題を悪化させているとしたら、それはどんなものか。さらにその行動の背景には、どんな無意識の思い込みがあり

そうか。10分差し上げるので、付箋を使って書き出して、模造紙に貼って共有しましょう」

興味関心が近い人同士で3〜4人のグループを組めるようにサポートする。各グループに模造紙、付箋、ペンを配布する。10分タイムキープする。

⑤「最後に、SDGsの達成につながる私たちの意識と行動とは何でしょうか。全体で対話してみましょう」

全体の人数が多すぎる場合には、半分や10人程度に分けて話し合ってもらう。社会変革のような大きな話ではなく、一人ひとりが日々の行動や意識を変えていくというレベル感での対話を大事にしていく。ファシリテーターは、全体の雰囲気を見ながら15〜20分くらいタイムキープする。

CLOSING
⑥「SDGsを達成するには、国、自治体、企業、個人とあらゆるレベルでの協力が必要です。17の目標はすべてつながっています。1人の力で解決することは決してできません。全員で協力していくためには何ができるのか？ そこに常に意識を向けて活動していきましょう」

このWSのねらい

「SDGsの目標やその背景にある社会課題は、決して世界規模の社会貢献でしか解決できないわけではなく、私たちの日々の行動や意識が影響します。企業や組織での取り組みも求められていますが、まずは身近なことから。17の目標一つひとつについて自分ごととして対話していくことで、この場にいる人がどんな社会課題に問題意識を持っているのかお互い理解し、協力しながら未来の可能性を考えていくきっかけとなります」

アレンジ！

● SDGsの17の目標は、きちんと理解できていないと実感できないので、よりイメージしやすいように、それぞれ象徴的な写真を見つける作業をみんなでやってみましょう。写真を事前に多めに用意するか、みんなで新聞や雑誌から切り抜いてもいいかもしれません。例えば、「目標5 男性だらけの役員会議の写真」「目標11 高齢者が交通量の多い道路を歩いている写真」「目標12 プラスチックゴミで汚染された海岸の写真」「目標13 台風でなぎ倒された木々や家の写真」などが考えられるでしょう。

身につくスキル

● **社会課題解決力** ● **創造力** ● **共創力**

課題解決スキット

27

新しい社会像を思い描く

- [ ] 新人研修　　　[✓] 管理職研修
- [ ] 異業種交流　　[ ] 多様性研修
- [ ] チームビルディング
- [ ] 人材育成　　　[✓] SDGs
- [✓] 学校　　　　[✓] 地域

90
分

案内人
児浦 良裕

こんなときに役立つ

- 新たな商品開発やプロジェクトをスタートするとき
- 未来社会の課題を自分ごととして理解したいとき

推奨人数	1 チーム 5 〜 6 人程度
必要なもの	紙とペン×人数分、「エクスポネンシャルテクノロジー」の一覧、SDGs の 17 の目標のリストのほか、社会課題に関するデータや資料など
部屋のレイアウト	相談するときはアイランド形式で、作業できる机があるといい。その後、スキットを演じるときは机を端に動かすなどして広いスペースを確保

WORKSHOP

1　「これからみなさんには、未来の世界に少しタイムトリップしてもらいましょう。現代は、国を超えてさまざまな社会課題を抱えています。先ほど社会課題についての資料を配布しましたが、それを参考にしながらチームごとに、現代の社会課題のうち特にこれから解決していきたいと思うものを、5 分で相談して具体的に書き出してください。いくつでもけっこうですが、問題だと思う点をできるだけ具体的に話し合ってみてくださいね」

SDGs の 17 の目標や、環境問題、人口変動、飢餓問題など現在の社会課題に関わるデータや資料を何種類か用意し、配布しておく。筧裕介『持続可能な地域のつくり方』（英治出版）の「日本の 55 イシュー」を参照するのもおすすめ。そうした社会課題をそのまま書き写すのではなく、なるべく具体的にどんな問題に関心があるのか相談し、書き出してもらう。ファシリテーターは 5 分タイムキープ。

2 「では、いま話し合って出てきた問題を、AI、データサイエンス、バイオテクノロジーなどの技術を使ってどのように解決できるでしょうか？ 『エクスポネンシャルテクノロジー』の一覧を見ながら、どの社会課題にどのテクノロジーをかけ合わせると解決に近づけそうか、10分間みなさんで話し合って手元の紙に書き出してみてください」

エクスポネンシャルテクノロジーの一覧を見せる。社会基盤や産業基盤に大きな変化をもたらすテクノロジーのうち、特に影響が大きいものとしてエクスポネンシャル・ジャパン社が挙げているのが、エクスポネンシャルテクノロジー。これ以外にも、テクノロジーやバイオなど最新技術のアイデアや知識が得られる資料を用意しておくといい。10分タイムキープ。

エクスポネンシャルテクノロジーの一覧

ビッグデータ分析　デジタル取引　人工臓器　携帯式分析機

自動運転車　遺伝子治療　遺伝子編集動植物　モジュール化

再生可能エネルギー　3Dプリンター　4Dプリンター　無人航空機

サービスロボット　知覚インターフェース　センサー群　スマート繊維・素材

（次ページに続く）

バーチャル・リアリティ　拡張現実（AR）　テレプレゼンス　ナノ素材

ナノ粒子　量子コンピューター　感情コンピューティング　ニューラルネットワーク

群制御・群知能　機械学習　脳とコンピューター結合　シェアリング・エコノミー

※齋藤和紀『エクスポネンシャル思考』（大和書房）p51 より
　図版作成：松浦桃子（株式会社 BIOTOPE）

③ 「それでは、ここまで話し合ったことをもとに、**いま挙げた問題が解決された 2030 年の社会を想像してみましょう**。こうした社会の課題は、最新テクノロジーによってどのように解決されているのか、**チームごとにスキット（寸劇）で表現します。上演時間は 5 分です。これから 30 分でチームごとにスキットを作ってください。まずは大筋のストーリーをつくり、登場人物を決めてメンバーに割り振ります。そこからセリフを考えていきましょう」**

台本を一字一句書かなくても、ある程度アドリブ（即興）でもよいと伝える。30 分タイムキープ。

④ 「できましたか？　完璧に仕上がっていなくても、アドリブを入れつつやってみましょう。それでは、順番にスキットを演じてもらいます」

チームごとに 5 分間で発表してもらう。聴衆側のチームは、スキットの前後に拍手を送り、互いに演じやすい雰囲気をつくる。チームごとに演じた後に、「テーマ」「登場人物」「描かれた問題と解決策」などを簡単に説明してもらうと、一層理解が共有できる。

| 大量の食料が廃棄されるフードロス問題 | × | 自動運転車 | = | 自動運転車が、スーパーの売れ残り商品を消費者へ送り届ける？ |
| 人口減少につながる少子化問題 | × | シェアリング・エコノミー | = | 子どもの送り迎えを担うドライバーをアプリで呼び出せるようにして育児を支援？ |

CLOSING

5 「ありがとうございました。みなさんが想像した未来のように、いまある社会課題が少しでも解決に向かっていくため、一人ひとり動いていきたいですね」

このWSのねらい

「これは事前に社会課題や最新テクノロジー、世界で起きている変化のデータなど、資料を多少準備する必要のあるWSです。スキットという手段を通して、楽しみながら、そうした資料を自分ごとに落とし込むことができます。最新技術は、自分の生活からかけ離れているように感じるかもしれませんが、10年後の未来は現在の延長にあります。実際に日々の生活がどう変わるのか、いま抱えている課題にどう活用できるのか、ビジョンを体現してみる機会になるでしょう」

アレンジ！

● スキットを発表した後に、その未来のストーリーを実現するために個人でどんなことを実行していけばいいのか、考えてみるといいですね。1人ずつ、「まずはこんなことに取り組んでみる」という宣言を書いて、発表してみましょう。

● エクスポネンシャルテクノロジーの代わりに、開発教育協会編『Social Action Handbook』（開発教育協会）の「39のアイデア」や、ハーバード大学デレク・ボク教授学習センターが学習のためのさまざまな活動を類型化した「アクティビティ・タイプ」（https://ablconnect.harvard.edu/activity-types）を活用して、解決策を導き出してもいいでしょう。

身につくスキル

● 社会課題解決能力　● チームワーク　● 創造力

バックキャスティング

28

SDGsを
アクションに
落とし込む

☐ 新人研修　　　✓ 管理職研修
☐ 異業種交流　　☐ 多様性研修
☐ チームビルディング
☐ 人材育成　　　✓ SDGs
✓ 学校　　✓ 地域

案内人
東 嗣了

こんなときに役立つ

● SDGsを事業に組み込んでいきたいとき
● ステークホルダーが共感できるビジョンとアクションをつくるとき

推奨人数	1チーム4〜5人程度
必要なもの	バックキャスティングの図を描いた模造紙、付箋、ペンやクレヨンと画用紙 ×人数分
部屋の レイアウト	チームごとにアイランド形式。作業できる机があるといい

WORKSHOP

1　「みなさんの所属する組織が今後も持続可能であるために必要なことは何でしょうか。今日は、『バックキャスティング』という手法を用いて考えていきます。バックキャスティングとは、現在から未来を考える『フォアキャスティング』とは逆に、実現したい未来から現在とるべきアクションを導き出すという思考法です。バックキャスティングの図では、左側が現在、右側が未来を表しています。さらに、上下から『環境的リスク』と『社会的リスク』の2つの外的リスクが圧力をかけてきています」

各チームに、バックキャスティングの図を描いた模造紙および付箋を配布しておく。

2　「みなさんの組織の持続可能性を脅かす外的リスクについて考えてみましょう。まずは『環境的リスク』です。例えば、既存のビジネスを持続的に成長させるために、どんな環境的な制約（脅威や外的な圧力）がありそうでしょうか？付箋に書いて、チームで共有してみましょう。10分差し上げます」

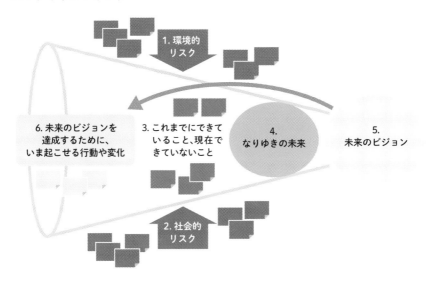

ここでは、所属している組織が今後、持続可能な成長を続けるうえでの環境的リスクを挙げていく。例えば、気候変動による災害リスク、水資源枯渇による供給不安定リスク、温暖化防止のための厳しい排出規制などが挙げられるので、悩んでいるチームには少しヒントをあげるといい。付箋に書き出してもらい、バックキャスティングの図の「1. 環境的リスク」の部分に貼っていく。ファシリテーターは 10 分ほどタイムキープ。

③ 「今度は、『社会的リスク』について同様に考えていきます。10 分差し上げるので、先ほどと同じように、付箋に書きながらチームで共有していきましょう」

ここでいう社会的リスクとしては、ジェンダー格差への対応、働き方改革による労働環境の変化、教育格差の問題などが挙げられる。そういった例を挙げつつ、チームの話し合いをうながす。こちらについては、図の「2. 社会的リスク」の部分に付箋を貼っていく。10 分ほどタイムキープ。

④ 「所属する組織における環境的リスクと社会的リスクが共有されたので、それをふまえて自分たちが所属する組織の立ち位置を考えてみましょう。各リスクを回避するために『これまでにできていること』は何でしょうか？ 一方で、致命的なダメージにつながりそうな『現在できていないこと』は何でしょうか？ それぞれ付箋に書いて共有してみましょう」

例えば、できていることは、「気候変動の原因になる温暖化ガス排出に関しては、化石燃料に頼らないエネルギー供給源の割合を高くしている」など。できていないことは、

「役職者率における男女格差の改善」「女性にとって働きやすい制度」「古い体質の是正」などが挙げられるかもしれない。こちらについては、図の「3. これまでにできていること、現在できていないこと」の部分に付箋を貼っていく。10分ほどタイムキープ。

5 「次に、『なりゆきの未来』を考えてみましょう。SDGsに取り組まなかったら、どんな将来的な影響があるでしょうか？ 持続不可能な未来が起こり得るとしたら、それはどんな未来であり、自社（組織）はどんな状態になるでしょう？ 想像し、話し合ったうえで付箋に書いて共有しましょう」

チームで未来について話し合ってもらう。こちらについては、図の「4. なりゆきの未来」の部分に付箋を貼っていく。5〜10分タイムキープ。

外的リスクの洗い出し

環境的リスク
・気候変動による災害リスク
・水資源枯渇による供給不安定リスク
・温暖化防止のための厳しい排出規制
etc.

→ 回避するためにこれまでにできていること

→ 回避するために現在できていないこと

社会的リスク
・ジェンダー格差への対応
・働き方改革による労働環境の変化
・教育格差の問題
etc.

→ 回避するためにこれまでにできていること

→ 回避するために現在できていないこと

6 「環境的および社会的なリスクとそれに対する自分たちの立ち位置が明確になりました。ここから『未来のビジョン』を描いていきます。今後、自分たちの組織が本当の意味で持続可能であるためには、どんな未来をつくりたいでしょうか？ どんな組織になっていたいでしょうか？ 何の制約もないとしたらどんな組織および未来をつくりたいでしょうか？ 以上のことを、ありありと想像してみましょう。想像できたら、各自そのイメージを画用紙に絵で描いてみてください。絵が描けたら、参加者同士で見せ合いながら、願いを共有していきましょう」

画用紙やクレヨンを配布する。技術的、資金的にできるか、できないかはここでは問わない。それぞれの参加者にとってワクワクするビジョンや未来を描くことが、大きなパ

ワーにつながっていく。絵が苦手でも、簡易的なイラストでもいいので描いてもらうよ
うにうながす。描けたら周辺の人と見せ合い、話し合えるようにサポートする。

7　「最後に、実際の行動のアイデアを考えていきましょう。みなさんが描いた未来
のビジョンを達成するために、いま私たちが起こせる行動、変化は何でしょう
か？　具体的なアクションを考えて、1 人ずつ付箋に書いてみましょう。そし
て、書き出したアクションの優先順位を考えながら、時間軸に落とし込んで貼
り出してみましょう」

アクションを 1 つずつ付箋に書いてもらい、図の「6. 未来のビジョンを達成するため
に、いま起こせる行動や変化」の部分に貼っていく。自分がいますぐできることを左側
に、将来取り組むことを右側に並べていく。10 ～ 15 分タイムキープ。

CLOSING
8　「できましたか？　みなさんが実際のアクションに落とし込んでくださったの
で、いますぐできることからさっそく始められるといいですね」

〜〜〜〜〜〜〜〜〜〜〜〜〜〜〜〜〜〜〜〜〜〜〜〜〜〜〜〜〜〜〜〜〜〜〜

**このWSの
ねらい**

「組織の中で SDGs に取り組んでも、既存の枠組みの延長上に積み上げ
ていては成果が出ません。SDGs が目指す世界は、問題を解決するとい
う意識より、未来を創造するというポジティブなエネルギーが鍵とな
ります。スウェーデンの環境教育系 NPO ナチュラル・ステップが提案し
たバックキャスティングの手法では、従来型のフォアキャスティング（既
存の枠組みの積み上げ、目の前のことの解決）とは異なり、新たな未来と
アクションを生み出せます。今回はそれを簡易的に体験する WS です」

アレンジ！
●環境的リスクや社会的リスクの内容の精度を上げるために、事前に情報収集した
り、各種ステークホルダーから声を集めたりするのもよいでしょう。
●学校などの場合には、「こんな学校をつくりたい！」といったビジョンから、自
分の具体的なアクションに落とし込んでもいいですね。

身につくスキル

● コミュニケーション　● 論理的思考力　● 社会課題解決力

会議室にとらわれないワークショップ

WS を開催するうえで、「場」を意図的にデザインすることはとても重要です。参加者の方が心理的安全性を持てる環境をつくるには、コンテンツやファシリテーションの方法だけでなく、物理的な「場」がどう参加者に影響するかを考える必要があります。

例えば、窓がまったくない地下の会議室と、窓から緑が見える開放的な空間では、WS で出てくる発言の量や質に、大きな差が生まれます。あえてテーブルを使わず椅子だけで対話できる場、リラックスできるソファ席も用意した場、お菓子やコーヒーなどを片手に対話できる場など、よりアイデアが創発しやすい環境を意図的にデザインしていくことが、WS を成功させる鍵となります。

最近では、海外の WS などに参加すると、屋内で取り組むのではなく、原っぱや公園、そして大自然の森を活用したり、または特定のワークのみ外で実施したり、といった傾向が見受けられます。

大自然の中で芝生の上に身をおき、温かい太陽と爽やかな風を感じながら課題を語り合うことで、普段とは違ったリラックス感、いまこの瞬間にグラウンディングするような落ち着き、そして言葉にできない一体感が場の中に生まれてきます。医学的にも、自然の中で過ごすことによる心身へのポジティブな影響が具体的なデータで示されています。

私自身、会議室を出てさまざまな体験をしてきました。これまでに、カンボジア、ベトナム、マダガスカル、ミャンマーといった国々にボランティア活動で訪れたことがあります。また、全米を横断し、イエローストーンやアリゾナといった自然の力に圧倒されるような大地で、地球の一部としての自己の存在と使命を見つめ直す経験もしました。地球の偉大さ、美しさに心を奪われるとともに、目を背けたくなる影の世界も見てきたのです。

こうしたことは、残念ながら会議室の中では体験できません。もちろん屋外なら何でも体験できるわけではありませんが、一歩外に出て普段と異なる環境に接し、自分たちが抱えている問題とつながるような場所や空間で WS を行ってみることで、いつもとは違った視点やアイデアが生まれるのではないでしょうか。

　さらに、グローバル規模で活躍する大企業の CEO たちが、セドナやグランドキャニオンといった砂漠の大地で、未来の経営、持続可能な社会について語り合うという WS がしばしば開催されているそうです。企業で働く人たちだからこそ、屋外の環境に身をおくことで、思い込みを断ち切り、普段使っていない部分の五感や脳を活性化できるのでしょう。

　ぜひ会議室にとらわれず、積極的にフィールドに出て WS をデザインしてみてはいかがですか？

自然の中で行われた海外の WS

Part

4

リフレクション
編

「楽しかったね」だけで解散しては意味がない！
学びをしっかり根づかせ、
アクションにつなげるため、
振り返りのセッションは必須です。

Ｙチャート

29

WSの学びを
今後に
つなげる

☑ 新人研修　　☑ 管理職研修
☐ 異業種交流　☑ 多様性研修
☑ チームビルディング
☑ 人材育成　☐ SDGs
☑ 学校　☐ 地域

30分

案内人
児浦 良裕

こんなときに役立つ

● その日のWSの学びを視覚化したいとき
● 学んだことを実際に生活に取り入れたいとき

推奨人数	1チーム3〜4人
必要なもの	ホワイトボードまたはチーム分のA3用紙、Yチャートの紙とペンx人数分
部屋の レイアウト	アイランド形式かスクール形式。作業できる机があるといい

WORKSHOP

① 「今日のWSを通して学んだことを振り返ってみましょう。Yチャートが書かれた紙を配りました。①から③まで今日の学びを順番に記入しましょう。①には、今日の学びのよかった点や印象に残ったこと。②には、失敗したことや自分が改善すべき点。③には、実際に今後どうしていきたいかを記入してください」

全員にYチャートの紙を配る。対象に応じて3つの設定を変えてもいい。学生には、反省点より達成したことを重視し、前向きにWSを終われるようにする。社会人なら、今後の課題をビジョンや行動に落とし込めるといい。みんなが書けるよう時間を設定。

学生版Yチャートの例

② 難しかったこと、
失敗したこと
（失敗した理由は？）

① 楽しかったこと、
うまくいったこと
（うまくいった理由は？）

③ 自分が成長した点、
次回工夫したいこと、
今後のアクション

社会人Yチャートの例

② 発見した自分の強みと
　　課題(3つ以上)

① 印象に残ったこと、
　　学びになったこと

③ 今後の方針、
　　ビジョン、アクション

2 「書けましたか？　次はチーム内で大きなYチャートを作成しましょう。ほかの人が書いた内容で印象に残ったものは、自分のYチャートに書き加えましょう」

ホワイトボード（またはA3用紙）に大きなYを書き、各チームでメンバーの①～③を書き込んで共有する。

3 「全体に向けて、チームごとにYチャートの内容を発表してください。印象に残ったものは自分のYチャートに書き加えておきましょう」

チームごとにYチャートに書き込んだ内容を全体に共有する。

CLOSING
4 「WSが終わってもこのYチャートをときどき見返して、今日の学びを活かしていけるといいですね」

このWSの
ねらい

「Yチャートを使うと、自分の学びを3段階で整理でき、個人としてより実感を持って受け止めることができます。あえて普段は使うことのないYチャートで分類しながら表現することで、印象に残りやすく共有しやすくなります。『よかった』『おもしろかった』で終わらせずに、それを日々の生活に活かすにはどうするのかを考える機会にしてもらえるといいですね」

アレンジ！

● これは学校の勉強にも使えます。例えば、数学の公式の暗記なら、①覚えにくそうな部分、②公式の成り立ち・意味、③語呂合わせなど暗記の工夫、などが考えられます。

身につくスキル

● **内省力**　● **論理的思考力**　● **傾聴力**

ハンドエンゲージメント

30

参加者全員で学びを共有する

☑ 新人研修　☑ 管理職研修
☑ 異業種交流　☑ 多様性研修
☑ チームビルディング
☑ 人材育成　☐ SDGs
☑ 学校　☑ 地域

15
分

案内人
広江 朋紀

こんなときに役立つ

● 大人数でも最後に全員で一体感を共有したいとき
● 温かい気持ちで WS を終えたいとき

推奨人数	10 〜 50 人程度
必要なもの	特になし
部屋のレイアウト	全員で円をつくれるように机などを端に寄せ、広いスペースを確保する

WORKSHOP

1 「今日はとても豊かな経験をしてきたと思いますが、最後にみなさんの学びを共有したいと思います。それでは全員で手をつないで円をつくりましょう」

全員の顔が見えるように円になり、手をつないで 1 つの円をつくってもらう。

2 「今日の感想や新たに決意したことを、一言で順番に表現していきましょう。表現する際は、隣の人と手をつないだまま、自分の右手を胸の位置まで上げてくださいね」

最初の人を指名して、テンポよく進むようにファシリテーターはサポートする。順番に一周回るようにする。

3 「ありがとうございました！　それぞれの学びが一言に凝縮されていましたね。これからもぜひその学びを日常の中で活かしていってください」

**このWSの
ねらい**

「手をつなぐことに抵抗のある場合は、1本のロープを全員で持ってもいいでしょう。そうすると、みんなでつながっているという感覚を得られるとともに、1人が引っ張るとほかの人も振動（バイブレーション）を感じられるという刺激やつながりも分かち合えます。誰かが動けばみんなに作用する。1人の学びを共有することで、みんなの学びになっていく。それを体感できる振り返りになるといいですね」

アレンジ!

●仕事仲間の場合には、会社の新しい方針などを発表した後に、それを自分たちがどう具体的に実行していくか、一人ひとりロープを引っ張りながら宣言する、というワークに使ってもいいですね。

●人数が30人以上など多い場合は、みなさんの率直な感情を音で表してもらってもいいでしょう。『あ』でも『ホッ』でもいいので、言葉ではなく音で順番に表現してもらいます。

身につくスキル

● コミュニケーション　●共感力　● 内省力

ワークショップのクロージングで重要なこと

「せっかく WS ではやる気になっていたのに、なんだかその後の行動に活かされていません」という声がよく聞かれます。でも、それでは WS の本来の目的を達成できていません。その場だけ盛り上がって終わってしまうのでは、ゲームをしているのと変わらないのです。

せっかく新しいアイデアが生まれたり、チームワークが高まったりしたのですから、それを日常に活かしてこその WS です。参加してもらった人たちには、すぐに大きな変化を起こすものでなくても、何かしらの「おみやげ」を持って帰ってもらいたいですよね。

その場で終わってしまわないためにも、WS を設計するときにどんな「おみやげ」を持って帰ってほしいのかイメージできるといいですね。それには本書でもいくつか紹介している「リフレクション（振り返り）」の WS が重要です。

リフレクションで特にフォーカスしたいのは、
- 楽しかったこと
- できたこと
- 成長したこと

です。さらに、
- 今後への学び
- これから活かしたいこと、実際のアクションに取り入れたいこと

へとつなげていけるといいですね。

リフレクションには段階があります。

例えば、体を動かしたり、みんなで楽しく盛り上がったりするような WS の後には、全体を振り返る前に作業そのものの振り返りをして、一旦気持ちを落ち着けます。それをしないまま、体を動かした直後に「では、この経験をどうやって仕事につなげますか？」と問いかけても、「さっきの動き、こうやったらうまくいったよね！」などと先ほど取り組んだことの話に戻ってしまったりするのです。

まずは体験したことを吐き出してもらった後で、本題の振り返りにいかないと、気持ちの整理がつかないことがあります。「楽しかったね」という気持ちをしっかり言葉にしてから、日常や会社生活、学校生活につながる問いを投げかけるのが、リフレクションでは重要なのです。

　私が中学生を教えていて気をつけていることの一つは、自分の意見を人前で言うことに抵抗がある年代にとって、どんなリフレクションなら自分に向き合えるのかという点です。
　中学生には、無理に大人数の前で発表させたりチームで振り返りをやらせたりせず、それぞれ紙に書くなどあえて個別に取り組める内容にしています。
　また、ダラダラと感想を書かせてしまうと、子どもたちは反省文を書かされている気になってしまうので、YES ／ NO の 2 択や選択式の質問項目に回答させてから、それを見ながら整理するようにリフレクションを行うという 2 段ステップを踏むこともあります。

　リフレクションが反省タイムにならないように気をつけるのは大切なことです。特に学校ではすぐに「今回の反省点を考えてみなさい」と言ってしまいますが、失敗体験よりも成功体験に光を当てたほうが子どもたちは伸びます。高校生くらいになるとだいぶ自分のことを客観的に見つめられるようになり、失敗体験を分析できたりしますが、大人でも子どもでもやはり成功体験にフォーカスすると前向きな気持ちで次につなげられますよね。
　リフレクションは、今回の WS の学びを日常や次へとつなげるためのものですから、大事なのは「やらされている」感を残さずに「次どうしたいか」という気持ちにさせること。絵で表現したり、一言で感情を表したり、負担感がない方法を選ぶようにしています。

　少しでも、日々の生活や仕事で思い出してもらえるような気づきにつなげてもらいたい。そういった気づきを得られることこそが WS の醍醐味だと思います。本書のリフレクション編も参考にしていただき、非日常的なイベントである WS を日常へとつなげたいですね。

Part

5

Q & A

さあ、ワークショップをやってみよう！
……と言っても、
いろいろな疑問が浮かぶはず。
ファシリテートに欠かせない知識をお教えします。

Q.1　会場の選び方は？

A. テーマに合わせて、新たなアイデアが生まれる会場選びを。

参加者にとっては、**会場に入る前からWSは始まっています**。例えば、都会のおしゃれなビルの中の会場だったら、向かっている間にモチベーションが上がるかもしれないし、窓が大きい開放的な部屋だったら気持ちも明るくなるでしょう。

　また、テーマに紐付けた場所だと、一貫性も生まれ、参加者の納得度や満足感も高まるでしょう。例えば、「自社の歴史を振り返る」というテーマだったら、歴史を感じさせる廃校を借りてもいいでしょうし、「相互理解を深める」といったチームビルディングなら、会議室よりもキャンプサイトのような野外のほうが、結束が強まるかもしれません。私もこれまでに、廃校や農場の納屋、お寺の本堂、外の芝生など、テーマに応じてさまざまな場所でWSを行ってきました。

　社内の会議室ならコストもかからないし手軽なので活用したいというのはもっともなのですが、もし時間や予算が許せば、**ちょっと場所を変えてみると新たな発想やイノベーションも生まれやすくなる**でしょう。

　一般的な研修会場以外なら、「スペースマーケット」（https://www.spacemarket.com/）などバラエティ豊かなレンタルスペースを紹介しているサイトを活用することもあります。真面目な雰囲気の会議室から体を動かせるダンススタジオ、キッチンがついたスペース、映画館まで、幅広いタイプの会場を見つけることができます。実は、あの国技館も借りられるのです！　会社全体の総会を開催するときなど、気持ちが高まりそうでいいかもしれませんね。

　スペースについては、**広すぎても狭すぎてもよくない**ですね。人数が少ないのに広すぎる会場だと参加者は緊張してしまうかもしれないし、人数が多いのにギュウギュウな会場だと身動きがとれず、実施できるWSも限られてしまいます。

回答者
広江 朋紀

Q.2 事前にどんな
アイテム準備が必要?

A. 会場にある備品、自分で準備するアイテムを
あらかじめ確認。

WSを行う会場にどんな備品があるのか、事前に確認する必要があります。足りないものや多めに必要なものなどは、ファシリテーター側で事前に用意しておいたほうがいいでしょう。下記のリストを参考に、準備を進めてみてください。

会場にあるかどうかチェックする備品

- ☐ プロジェクター
- ☐ スクリーン
- ☐ マイク・音響
- ☐ ホワイトボード
- ☐ ホワイトボードマーカー
- ☐ イレイサー
- ☐ マグネット
- ☐ 机
- ☐ 椅子
- ☐ PC(必要に応じて)

自分で準備しておきたいアイテム

- ☐ 進行表・レジュメ
- ☐ 参加者リスト
- ☐ 会場地図
- ☐ マーカー
- ☐ グルーピング(座席)表
- ☐ BGM 用 CD など
- ☐ タイマー
- ☐ デジカメ・録画用ビデオ(必要に応じて)
- ☐ PC(必要に応じて)
- ☐ WS 使用グッズ

参加者配布用に用意したいアイテム

- ☐ 名札
- ☐ ペン
- ☐ メモ用紙・紙
- ☐ アンケート
- ☐ 領収書

回答者
広江 朋紀

Q.3　WS を行うときの 最適な人数は？

A.　1 チーム 3 〜 6 人くらいが理想。

本来、WS に人数制限はありませんが、やはり「参加した」とみんなが実感できて、WS の効果が表れるためには多すぎるのはよくないでしょう。**上限はありませんが、「加減」は必要**です。1 チーム 3 〜 6 人くらいが理想でしょう。

　また、ファシリテーターがどれだけハンドリングできるのかも人数設定に影響します。ファシリテーターの力量が問われるところでもあるので、初心者の方は 10 人以下など少人数からスタートするのがよいかと思います。

　人数設定でポイントとなるのは、**ファシリテーターがどれだけ参加者の作業に介入していくか**です。介入とは、参加者の意見を拾ったり、深い対話をうながしたり、論点がずれている場合には途中で会話を軌道修正したりすることなどをいいます。

　WS の目的や内容によりますが、細やかな介入が必要な WS を行う場合には、6 チームが上限ですね。1 チーム 6 人だとして、全部で 36 人。**学校でいうと 1 クラスくらい**ですね。やはりそれが 1 人のファシリテーターが細かく見ていける最大人数だと思っています。

　ただし、全社規模の WS などでは大人数になることもあると思うので、そういった場合については後ほど Q14 でお答えします。

　机をアイランド形式、いわゆる「島」にしてグループワークを行うときには、4 人や 6 人で 1 チーム、という感じで偶数にするようにしています。これは、**短い時間で深い内容に入りたいときペアワークに切り替えることもある**ので、あぶれる人がいないようにするためです。ペアの相手が見つからないのは、大人も子どももいい気持ちがしませんよね。

　もっとチームあたりの人数を増やしたい場合もあるかもしれませんが、意見を出し合ったり、相談したりするような WS では、1 チーム 8 人が上限かと思われます。**8 人以上だと、全員が意見を言うことは難しくなってしまう**からです。

126

体を使うものやアート作品をみんなで作るようなものであれば、10人以上いても大丈夫か と思います。本書でいうと WS22 や WS30 などが該当しますね。

　自己紹介のようなアイスブレイクからスタートするなら、まずは隣同士の 2、3 人で取り組 んでもらうと場の雰囲気が和みます。次に、アイデアを出し合ったり、意見交換したりする ような WS に取り組むなら、5 ～ 10 人程度のチームに分けて行います。このように、その都 度 **WS の内容に応じてチームあたりの人数を変えてみましょう。**
　本書の WS には、それぞれ推奨人数が記載されているので、それも参考にしていただける といいですね。

回答者
広江 朋紀

Q.4 席の配置はどうすればいい？

A. プログラムの内容に応じて 適した配置に変えてみよう。

実施する WS によって**会場内の椅子やテーブルの配置、座り方を変えることで、より参加者から意見が出やすくなります。**また、1 日のプログラムの中で、取り組む作業に応じて座り方や配置を変えてもかまいません。流れが妨げられない程度に、WS に合わせた流動的な会場づくりをしてみましょう。

　WS でよく使われる典型的な配置をご紹介します。机があるパターンや椅子のみのパターン、全員が前方を向いているかたちや少人数で輪になるかたちなど、さまざまな配置があるので参考にしてください。

レクチャー（知識伝達型）

①スクール形式

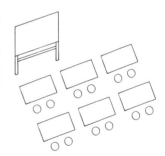

配置 学校や学習塾の一般的な授業のように、**講義形式で行われる場合に使われる基本的なレイアウト。**

適した WS 時間的に制約がある中で、**大量の情報を伝達したいときに適している。特に、ルールややり方を詳しく説明して、周知徹底する必要があるようなとき**に有効。

　ただし、参加者の意見交換がしづらいので、個人ワークやペアワークのプログラムが含まれる WS に最適。

本書内の WS 14、24、29 など

②シアター形式

配置 スクール形式と配置は同じだが、机は取り払って椅子のみの状態。

適したWS 会場に机がない場合や、大人数を収容しなくてはいけないとき、動き回るスペースを確保したいときに有効。セミナーや講義など、聞くことを中心としたプログラムの合間に行われるWSなどでよく使われる。机がない分、**参加者の距離が近くなり、周囲と交流しやすく**、途中でほかの形式に配置を変えることも簡単にできる。

本書内のWS 21 など

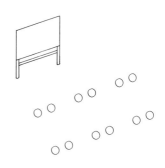

ワークショップ（巻き込み型）

③アイランド形式

配置 4〜6人くらいで向かい合うようにチームで座る、いわゆる「島」形式。WSで最もよく見られる配置。

適したWS **チーム内での対話をうながしたり、共同作業したりするときに適している。**

本書内のWS 01、05、08、09、11、13、14、15、16、17、18、19、23、24、25、27、28、29 など

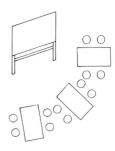

④ラウンドテーブル形式

配置 「正餐形式」と呼ばれることもあり、結婚式の披露宴などでよくあるような、円卓を囲んで座る形式。

適したWS **参加者が少ないときや、全体でコンセンサスを図りたいとき**に適している。また、上座・下座を気にしなくていいので、**自由な議論をうながしたいとき**にも有効。

本書内のWS 02 など

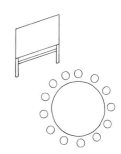

リフレクション（振り返り支援型）

⑤バズ形式

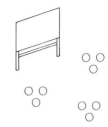

配置 机を排除して、2～3人程度の小グループでまとまる形式。

適したWS 参加者同士でざっくばらんに対話したり、少人数で内省したりするときに適している。**リフレクションを行うとき**にもいい。

本書内のWS 01 など

⑥サークル形式

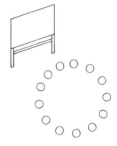

配置 ラウンドテーブル形式の机を排除した状態。向かい合って全員で大きな円をつくる。

適したWS 全員で一体感を共有したいときや、親密性を高めたいときに有効。部署やクラスの全員で士気を高めたいときなどにもいいが、50人以上の大人数になってくるとお互い遠すぎて顔が見えなくなってしまうので適さない。

本書内のWS 01、02、10、19、20、21、22 など

※広江朋紀『研修・ファシリテーションの技術』（同文舘出版）をもとに構成

回答者
広江 朋紀

Q.5 チーム分けはどう決める？

A. 年齢、性別、属性などダイバーシティある チーム分けを。

基本的にチーム分けする際には、新たなアイデアが生まれやすいように**年齢、性別、属性などがうまくばらけるように意識**します。普段の役割や階層などから解放され、新しい発想や意見を出せるのが WS の醍醐味です。特に、チームづくりのための WS や初対面同士の WS など、交流を目的としている場合は、社内であっても異なる所属や役職の社員を交ぜるほうがいいでしょう。

また、ランダムにチームを分けるのであれば、例えば最初のセットアップの段階で、全員に円座で座ってもらいます。そして、「端の方から『A』『B』『C』『D』『A』『B』……と言っていってください」と伝え、同じ文字の人同士でチームを組ませると人数が均等になります。

さらに、それを WS 内で何度か繰り返すのであれば、「今回は座る場所を少し変えてみてくださいね。適当でかまいませんので」と声をかけたりすると、チーム編成にバリエーションが出るでしょう。

その一方で、上司と部下が一緒になると意見を言いにくそうな雰囲気の場合には、あえてテーブルを分けることもあります。「上の人が見ている」と思うと、上司を喜ばせるコメントしか言えなくなる人も出てしまうかもしれないからです。そんなときは、**意見が言いやすい安心安全な雰囲気を出すため、あえて役職別でチームをつくる**こともあります。

以上のように、実施する WS の内容や目的に即したチーム分けを考えましょう。

回答者
広江 朋紀

Q.6 異年齢や異階層の WS での 注意点は？

A. パワーバランスができないよう小さな声を拾おう。

参加者の間でパワーバランスが存在してしまっているのであれば、表に出ない声、小さい声にファシリテーターが意識を向けることが重要です。表情、態度、雰囲気、声などに注意を寄せ、常に耳を傾けましょう。特に下記の 3 点に注意するといいですね。

① 弱い立場の声を拾い、承認する

　例えば、どうしても低学年のほうが声を出しにくかったり、階層の低い人が黙ってしまったりする。そういった場合、「どう思いますか？」と声を拾ったり、「なかなか言いづらいですよね」など**立場の弱い人を承認してあげたりする**といいですよね。また、大人と子どもが交ざる場合には、どんなに非現実的で的を射ていないアイデアでも、きちんと聞いてあげるよう大人側に説明しておきましょう。大人が批判や否定をすると子どもは萎縮してしまい、夢が壊されてしまいかねません。

② 役割を固定化しない

　また、年齢や役職で役割が固定化しないような仕組みをつくりましょう。例えば、グループワークのときに年上の人がいつも作業を担ってしまったり、逆に下の人に命令したりする状態は避けたい。そんなときには「では、今回は 3 番目の人にリーダーをお願いします」と指定したり、テーブルの真ん中にペンを置いてグルッと回して先が向いた人を進行役にしたりするなど、**公平性を保ち、パワーバランスに左右されない仕組みを提供しましょう。**

③ 非言語の取り組みを増やす

　年齢が異なることで、言語的な知識の量や論理性に差が生まれてしまうこともあります。そんなときには、体を使った WS や、絵を描くといったアート的な WS など、**非言語チャネルに変えると公平性を確保しやすい**ですね。

回答者
東 嗣了

Q.7 子ども向けの WS での注意点は？

A. 性別や年齢の偏りに注意し、こまめに声がけを。

WSでは、参加者が安心できる場を提供することが重要ですが、**特に子どもにとってその安心感は大人以上に重要**です。最初のアイスブレイクやチーム分けは、かなり注意して設計する必要があるでしょう。

子どもを中心とした WS を行う場合には、下記の点を心がけるといいですね。

① チーム分けは均等に

特に初対面のメンバーで行う場合には、可能なら子どもたちをよく知る人がチーム分けをしたほうがいいでしょう。性別が交ざる場合、できるだけ**チーム内が男女均等になるか、男女で分けたチームにすると**よいでしょう。無理に交ぜようとして、男子の中に 1 人だけ女子を入れたり、その逆にしてしまうと、その子は意見を言えなくなってしまったり、参加する気力が失せてしまったりします。男女比をほぼ均等にできないのであれば、最初から男子チームと女子チームと分けてしまうほうがいいでしょう。

異年齢の場合には、低学年チームと高学年チームなどに分けてしまうと、アウトプットに差が出るので、できるだけ平等に交ぜたチームをつくりたいですね。

② アイスブレイクは体を動かすものに

アイスブレイクは、やはり楽しいものがいいでしょう。避けたいのは、言葉で表現するものです。いわゆる「チェックイン」でよく自己紹介したりしますが、語彙力や言葉の表現力に差がある子どもたちにはプレッシャーになってしまいます。**話すのが上手な子がスラスラと発言する一方、苦手な子は声を出すことすらストレスになるかもしれません。**

例えば、本書のアイスブレイク以外にも、WS06 の STOCS タワーやレゴの作品制作など手を動かすもの、WS07 のサークルトスなど体を使うものなどがおすすめです。

③ 説明は 1 ステップごとに

　ワークの**説明はなるべく簡潔に、かつ 1 つの作業ごとで区切りましょう。**1 つ目の説明をしたらそのワークを行う、2 つ目の説明をしたらそのワークを行う、といった感じです。「最初にこれをして、その後こうして……」などと一度に複数の作業指示を出すと混乱してしまうし、時間配分もなかなかうまくいきません。

　WS に参加する経験を積んでいる高校生以上くらいであれば、複数の作業でも時間配分して自分たちでタイムキープできますが、まだあまり WS 経験がない生徒や中学生以下の子どもが参加する場合には、説明はできるだけ「わかりやすくシンプルに」を心がけましょう。

④ ファシリテーターの立ち位置

　先生が生徒に向けて WS を行う場合も多いかと思います。気をつけなければいけないのは、**普段の授業のような「先生 vs 生徒」の構図をつくらない**こと。立ち位置も、教壇の上から一方的に指示を出すのは NG です。生徒の中には、萎縮してしまったり、授業がつまらないときのように関係ないことをして気もそぞろになったりする子も出てきます。

　生徒たちの真ん中に立ってみたり、少しみんなの間を歩き回ったりするなど、位置どりにも気をつけましょう。

⑤ 声がけを欠かさない

　何をやるべきなのかわからなくなる子や、ほかのことに気をとられて手が止まってしまう子が出るので、こまめに部屋を回って声をかけるといいかと思います。特に、**WS の前半で出遅れると、その後気持ちが乗りきらないこともある**ので、できるだけ前半でつまずかないように見てあげましょう。

　また、一般的に男子は文字ばかり書き込むような WS を嫌がる傾向があります。ものを中心とした WS を選んだり、文字を書き込むところがはっきりしている表やチャートを使ったりするほうが取り組みやすいでしょう。ワークの説明をするときにも「書いてください」ではなく「表を作ってください」といった言葉に置き換えるだけでも、書くことへの抵抗感は薄れるでしょう。

回答者
児浦 良裕

Q.8 参加者の心をつかむには どうすればいい？

A. HOW ではなく WHY からスタートしよう。

その日の WS をスタートするにあたり、「なぜやるのか」から話を始めるようにしています。「なぜ今回この WS を行うのか」、「なぜ今日この WS から始める必要があるのか」、という説明をきちんとするようにしています。

場の雰囲気をよくするために体を使ってゲーム的な WS をするときは、あえて詳しく説明せずに始めることもありますが、基本的にはその日に行う WS 全体の意義は丁寧に説明します。

WS の意義を共有できないと、参加者の協力は得られません。企業で行う WS などでは、「行けと言われたから仕方なく来た」という参加者もよくいます。

だからこそ、「なぜやるのか」という WHY を話してから、やり方の説明である HOW に移るようにしています。いきなり HOW から入ってしまうと、参加者はおいていかれてしまいます。

また、参加者に心を開いてもらうためにも、**自己紹介のときに、ファシリテーターという役割についてではなく、自分が何者かということを話すのも大事**です。「専門家だからやる」という態度を示すのではなく、一個人としての自分をさらけ出せたらいいですね。

自己紹介の内容は、その時々の参加者に興味を持ってもらえそうなことを選ぶようにします。例えば、私は「大自然が大好きです」とか「4 歳の子どもがいます」などパーソナルなことや大事にしている部分を話します。人間臭い部分ですね。

そういった**自己開示をしていくと、参加者も自分を出しやすくなります。**また、参加者と人としてつながっていける気がします。

参加者にも「部長です」「課長です」といった役割で自己紹介させてしまうと、その役割としての声やアイデアしか出てこなくなってしまいます。そのため、一個人としての側面が見える自己紹介などをしてもらうようにしています。

回答者
東 嗣了

Q.9 ファシリテーターとは どんな存在であるべき？

A. リーダーではない。参加者に共感し、承認する存在。

フ　ァシリテーションの大きな土台となるのが、ファシリテーター自身のあり方です。**態度や表情、その人の雰囲気などが WS の場に投影される**ということを心得ておきましょう。

WS が盛り上がったり停滞したりと、場のエネルギーというものは変化します。「今日はおとなしい人が多いな」「やたら質問ばかり出て前に進まないな」「友好的に進まず、批判的な姿勢の人が多いな」「意見が出にくいな」ということは往々にしてあります。

それは**参加者に問題があると思ってしまいがちですが、意外にも、その場に立つファシリテーターのあり方がそのまま反映されていることが多いのです。**

例えば、「あれをやって」「こうして」などと、ファシリテーターとして権威を振るうような姿勢や偉そうな態度をとるのは、もちろん NG です。ファシリテーターが**「自分が全部やる」「全部知っている」**という態度で WS に挑んでしまうと、場の雰囲気はよい方向に進み**ません**。

そんなつもりがなくても、特に教師や管理職などですでに上の立場にある人がファシリテーターを担う場合、いつの間にか上からものを言ってしまうこともあります。また、ファシリテーターの役割に慣れてくると、どうしてもリーダーっぽく振る舞ってしまったりします。

そうすると、参加者から新しいアイデアや意見が出てこなくなります。それどころか、「ファシリテーター・アタック」と呼ばれる攻撃的な態度で反抗してくる人が出たりもするのです。

以上のことはある意味、知識やテクニック自体よりも重要なので、WS の場以外でも、人としてのあり方を磨いていくことが大切です。

特にいつも気にしたいのは、下記の 3 つです。

① 挨拶をする

　具体的にできることとして、まずは挨拶。参加者が会場に入ってきたときに、前にどーんと座っていたり、難しい顔でパソコンをのぞき込んだりしているのはもってのほか。立ち上がって一人ひとりに挨拶や声がけをしましょう。「ご参加ありがとうございます」「今日はどちらから来たのですか？」とこちらから近寄っていくといいですよね。

　主役は自分ではなく、参加者です。依頼されてファシリテートしている場合でも、**時間をいただいてみなさんに参加してもらっているという意識**が必要です。

② 言葉づかいに気をつける

　態度は言葉にも表れます。例えば5分間ワークに取り組んでもらう際、「じゃあ5分でやってください」ではなく、「お時間を5分差し上げますので、取り組んでみていただけますか」と伝えたほうが、相手も気持ちがいいですよね。

　特に大人の参加者の場合、相手の方が知識や経験を持っていることも往々にしてあります。たとえ相手が新入社員でもそうです。**参加者に対しリスペクトのある態度や言葉づかいが大事**です。

③ 共感・承認の姿勢を示す

　忙しそうにしている人がいたら「お忙しい中ありがとうございます」、意見を言ってくれた人がいたら「よくご存知ですね。驚きました。ありがとうございます」と感謝する姿勢が大事です。参加者が抱いている気持ちやおかれた状況に対して、共感・承認する姿勢を忘れることなく取り組むとよいかと思います。

　WSでは、**ファシリテーターと参加者が対等の立場になることが大事**ですし、参加者がたくさん発言してくれることが目的なので、この3つを常に忘れずにいたいですね。

回答者
東 嗣了

Q.10 参加者のグループワーク中、ファシリテーターは何をしていればいい？

A. 参加者を観察し、共感し、サポートを。

いざ WS が始まり、参加者のディスカッションやグループワークが始まると、初心者のファシリテーターは「どこで何をしていたらいいのだろう？」と戸惑うかもしれません。

参加者がグループワークなどに取り組んでいるときは、**場の雰囲気や一人ひとりの個性を知るいい機会**です。進み具合がどうなのか、どんな気持ちでいるのだろうか、と参加者を観察するようにしています。ただ「見る」というのではなく、「観る（観察する）」です。

みなさんは、毎日の通勤途中にあるコンビニのロゴを、いますぐ何も見ないで正確に描けるでしょうか？　毎日「見て」いるつもりでも、いざ記憶だけを頼りに描こうとすると難しいものです。しかし、よく「観て（観察して）」いると、こうしたロゴのちょっとした工夫や色使いにも気づくのです。

「見る」と「観る（観察する）」の違いはここにあります。表情、声のトーン、態度、ジェスチャー、さまざまなものに表れる本人の心境に注意を払いましょう。

ですから、壇上や前の机にふんぞり返っているのではなく、ゆっくりと全体を歩き回ったり、チームの話し合いに耳を傾けたり、戸惑っている人に声をかけたりしながら、全体を観察し、ホールドしていくのです。

もう一つ私が注意しているのは、**個々の参加者の「エネルギーレベル」**です。戸惑っていたり消極的になっている参加者に声をかけてサポートするのはいいのですが、全員が積極的に発言する必要はありません。**WS を楽しんでいても、それが表情や声に表れる人もいれば、うちにこもる人もいます。**じっくり考えてから言葉にしたい人もいるでしょう。言葉は発していなくても、エネルギーレベルが高い可能性もあるのです。その人がどんな状態なのかを表面だけで判断するのではなく、じっくり「観る（観察する）」必要がありますよね。

あとは、ファシリテーターの**直感を信じる**。「心配だな」と思ったら、声をかけてみていいと思います。しかし、**直感は生モノ**なので、引きずらないことも頭においておきましょ

う。「大丈夫です」と本人が言うのであれば、それ以上は無理強いしないことも大事です。

　チームのエネルギーレベルを確認するわかりやすいポイントとして、私たちはよく「**チューリップ**」という言葉を使います。チューリップの花が開いたり閉じたりするのをイメージするとわかると思いますが、チームの話し合いが盛り上がっているとメンバーは前のめりになります。すると花は閉じている状態。これはいい状態ですよね。

　一方で、みんながつまらなそうに椅子に深く座っていると、花は開ききった状態になります。そんなチームには近づいて、「どんな感じですか？」と声をかけるといいでしょう。ただし「こう話し合ってください」など指示は出しません。あくまで様子を聞いて、質問があれば答える程度にしておきます。

　最後に、私がいつも WS で大事にしていることをお教えします。それは、「**参加者と一緒に笑う**」ことです。どこかのチームが笑っていれば、近くに行って一緒に笑います。たとえその内容がはっきり聞こえなくても、私は一緒に笑います（笑）。そうした感情を共有する、特に楽しいことを共有することで通じ合えたり、理解し合える感覚になれるのです。

　ちなみに、発表などの際に緊張している人がいれば、その人の横に立つ場合もあります。私は何も言いませんが、横にいることで「大丈夫、気持ちを共有しているよ」というメッセージになるのです。

　ファシリテーターは、**自分が話をしていないときこそ、どう振る舞うか、どんなスタンスでいるのか、そのあり方（being）が問われている**のを、心に刻んでおいてください。

【DOs】 WS 中にファシリテーターが すべきこと		【DON'Ts】 WS 中にファシリテーターが すべきでないこと
・参加者を穏やかに観察する ・なるべく柔らかな表情でいる ・戸惑っている人、悩んでいる人には 　優しく声をかける ・話し合いが進まないチームには、ア 　ドバイスやヒントを与える	VS	・腕組みなどをして仏頂面でいる ・参加者を見ながらメモするなど評価 　している素振りを見せる ・自分の机にずっと座っている ・パソコンなどでずっと作業している ・話したくなさそうな人などに無理や 　り意見を言わせようとする ・特定の人やチームとばかり関わる

回答者
松場 俊夫

Q.11 参加者のモチベーションが 下がっているときはどうする？

A. 素直にそれを表明し、受け入れられる場づくりを。

企業が社員向けに行う WS など、参加者たちが仕方なく来ていることもよくあります。そういう場合、最初からやる気の高い状態というのはめったにありません。だからこそ、最初にどう参加者のモチベーションを上げるかというのが、ファシリテーターの大事な役割になります。

そこで、アイスブレイクにもなる「チェックイン」で自分の状態を表現してもらうことが重要です。**あまりモチベーションが上がらないなら、あえてそれを表現してもらい、受け入れるということも必要**。例えば、今回紹介したアイスブレイクの WS02 のように、親指で自分の気持ちを表現したり、ほかにも、基本的な感情をイラストで表現した「イーモーション・フィーリング・カード」から自分の気持ちに近いものを選んでもらい、それについて一言ずつ話すよう求めることもあります。

すると、「こんなに忙しいのに、なんで来なければいけなかったのかわかりません」という言葉が出てくるかもしれません。

それをファシリテーターとして、きちんと受け止めます。「言っていただいてありがとうございます。その言葉ってすべて本音で、偽りがなかったですよね。今日の WS も本音で対話するという場面があるので、ぜひ本音で話してくださいね」と伝えます。

正直な不満を漏らしたことを受け止め、それを活用しながら**「この場では本音で言っていいのだ」「すでにそれができたんだ」**ということを実感してもらう場をつくります。これは心理的にもカタルシス効果をもたらし、辛いと感じていることをその場に発露することで少し楽になることがあるそうです。

例えば、「今日保育園に子どもを預けてきたけれども少し熱があって、呼び出されるかもしれなくて心配しています」と先に共有しておく。それで子どもの熱が下がるわけではなくても、「いま心配な私がここにいる」ということを伝えられただけで気が楽になりますよね。それによってフラットになれます。

カードやジェスチャーなどを使い、そうした気持ちを表現することでスッキリするもので

140

す。さらに、「なんだかみなさんスッキリした表情になりましたね」とか「肩の力が抜けたようですね」など、みなさんの状況を話の流れに反映していくといいですよね。

　また、「やりたくない」と表現してくれた人を大事にするようにしたいですね。それは、**場に対してのリソース**なのです。本音を言ってくれたことで、もしかしたら同じことを思っているほかの人たちを代弁してくれたのかもしれません。
「なぜこんなことをしないといけないのですか？」と言った人がいるならば、それを排除しようとせず「言ってくれてありがとうございます！　同じように思われた方もいらっしゃると思うのですが、なぜそう思われたのか聞かせていただけますか？」と聞くこともあります。その言葉を否定せず、「そうでしたか、こう思うのですがいかがですか？」といったすり合わせのきっかけにしたりします。

　WSだからといって、無理に全員が「やるぞ！」と気合いを入れる必要はないですし、それぞれのスタンスとあり方で関わってもらえればいいのです。ただお願いしたいのは、「いまここにいてください」という感覚です。いまここにいるけれどもモチベーションが下がっている、というのは受け入れますが、「いまここにいたくない」という人はほかの人の士気に影響してしまうので、存在を肯定しつつ「そのままでいいのでここにいてください」と伝えます。

　ファシリテーターは、ちょっとした表情や言葉の変化にも気づくことが必要です。肩を怒らせていた人が、次第にちょっと肩が下がってリラックスしてきたとか、議論に熱が入ってジャケットを脱ぎ始めたとか、そういった体感覚の変化を言葉にして共有してあげることもできますよね。「こういった変化が、短い時間でもみなさんの中に起こっていますよね」と話すと、参加者の中に「お、何か変わってきたのかも」という気持ちが芽生えてくることもあります。

　WSは多くの場合、1つの明確な答えを導き出すものではありません。それがWSなのです。しかし**多くの参加者はそうした答えのない取り組みに慣れていない**ものです。「講師が回答に導いてくれる」と思っているかもしれません。
　そこで「私が答えを持っているわけではないのです。問いは立てましたが、答えはみなさんと一緒に考えていきたいと思います。スタートラインはみなさんと一緒なのです」ということを理解してもらうように、意識をすり合わせていくようにします。そのチューニングをきちんとすることで、参加者も「じゃあ、やってみよう」と思ってくれるでしょう。

回答者
広江 朋紀

Q.12 ファシリテーターが使ってはいけない言葉は？

A. 参加者の意見や人となりを決めつける言葉は避けて。

使ってはいけない言葉というのはありませんが、やはり参加者の意見を否定するような言葉は使いたくないですね。

また、参加者の意見などを勝手にファシリテーターの解釈で言い換えてしまうこと、やたらにきれいな言葉でまとめ直してしまうことは、無意識でもよくあります。参加者の言葉を「それってこういうことですね」と専門用語に置き換えて説明すると、翻訳の度が過ぎてしまったりもします。

発言者の意図とは違うかたちで翻訳されることで、違和感や自分の意見に共感してもらえないという不信感にもつながります。

さらに、**見た目や発言の傾向から「あなたは○○な人ですね」と断定的に解釈することもご法度**。ポジティブなことも含め「あなたはこうですね」と決めつけられてしまうと、本人は違和感を覚えるかもしれません。例えば「論理的ですね」と言ったとしても、いつもそうかどうかわからないし、人によってはその言葉にネガティブなイメージを抱いているかもしれません。

また、つい言ってしまいがちな**「それはよい意見ですね」**というのも気をつけましょう。WS では、答えが１つではない課題に取り組みます。「よい」「悪い」というジャッジにとられるような言い方は避けたいですね。

ファシリテーターは、こうした自分の解釈を入れた発言をすることで威厳を維持しようとする場合があります。WS では、参加者の意見が大事です。整理することは必要ですが、「こういうことですね」と安易に言い換えてしまうのとはまた別です。

参加者が言ったことをそのまま受け止めてあげる、というのが重要です。

回答者
東 嗣了

Q.13　参加者が混乱してしまったら、どうリカバリーすればいい？

A. 手順や意図が伝わっていないかも。改めて丁寧に説明を。

ワークやアクティビティを実施するときに、説明が不明確で参加者を混乱させてしまうことや、相手が理解できていないにもかかわらずそのまま先に進めてしまい、よけい混乱や反発を招くことがあります。

みんなの違和感が解消されず場がまとまらなくなってしまったら、「こちらの説明がわかりにくくてすみません」と素直に非を認めてお伝えすることです。ワークの内容ややり方を改めてきちんと説明すると、場が落ち着くでしょう。

特に、日本人は他国民と比べても不確実な状態を嫌う傾向が強く、**100％わからないと先に進みたがらない人が多い**印象です。
「よくわからないけどとりあえずやってみよう」というのではなく、「すみません、ここがわかりません」と詳細に聞いてくる人もいるでしょう。あまりにそれが続くと、WSがとてもガタついてしまいます。

しかしながら、慣れてくるとその大事な説明ステップをざっくりと済ませてしまうという失敗がよくあります。そうすると「あのファシリテーターはよくわからない」と言われる結果になるでしょう。**インストラクションは、「丁寧にわかりやすく」**を心がけましょう。

回答者
東 嗣了

Q.14　50人を超える大人数で WSするときは？

A. 1チーム2〜10人に分けて、動きを出そう。

大人数になりすぎると、ファシリテーターが参加者の議論を調整したり、質問に答えたりすることは非常に難しくなります。

　私も過去に1500人くらいが参加するイベントでWSを行ったこともあります。そうなると個別に介入はできないので、一方的に「それではこの手順で進めてください」とお伝えして取り組んでもらえるWSを選びました。

　さらに、説明のためのスライドなども詳しく作り込んでおかなくてはいけません。参加者が、疑問を抱いたり戸惑ったりしても簡単に質問できないからです。スクリーンも3〜4面用意してスライドを映し出しました。

　こうした大規模なものは、企業の全社会議や創立記念パーティーのような、WS自体がメインではないイベントの中で行われる場合が多いです。すると、経営方針を浸透させるとか、それを自分ごとに落とし込む、といった**ある程度目的がはっきりしているWSが必要になってくる**でしょう。

　ただし、ファシリテーター vs 参加者が「1対その他大勢」の関係では、講義のようになってしまいます。せっかくのWSですから、**大人数のときには、取り組み内容によって2〜10人程度のグループに分けて行う**のがいいでしょう。

　会場が大きくて机などを動かすのが大変なら、最初から椅子だけにして、「**えんたくん**」という円形の段ボール板を利用するのもおすすめです。向かい合った人の膝の上に置き、文字や絵を直接書ける簡易版テーブル兼ボードのようなものです。「えんたくん」を使う場合には4〜6人が好ましいでしょう。

　みんなで書き込んで、それを壁に貼ってお互いに共有することもできます。WSでいろいろ意見を書き出した後に、床にそのまま置いて、「ほかのチームのものを見に行ってみましょう」と声をかけたりすると、大人数のWSでも動きが生まれ、自分の周囲だけでなく少し広い範囲で交流したりアイデアに触れたりできるでしょう。

144

ほかにもアイスブレイクの段階で、なるべく前後左右の方々と声をかけ合えるような気楽なテーマを選んだり、少し体を動かす WS を取り入れたりすると、場の雰囲気が少し親密になります。

　お互いの距離感が近づいたり、親密性が増したりするという WS の利点を害さない程度の人数で行うことが重要です。また、1 日のプログラムの中で、2 人で行うもの、10 人で行うもの、個人で取り組むものなど、人数や形式を変えてみるとさらに動きが出て、新しいものが生まれやすい雰囲気になっていきます。

回答者
広江 朋紀

Q.15 WS後のフォローアップやアンケートなどは必要？

A. 目的に合わせた事後課題やアンケートを。

フォローアップやアンケートを行うかどうかは、WSの目的次第であり、絶対に必要というものではありません。例えば、複数回に分けて行われるWSやセミナーの場合には、その合間に事後課題のようなものを参加者に出すときもあります。メールでも、実際に集まってもらってもいいですが、「次までにこういったことを話し合っておいてください」と課題を出すこともあります。

また、参加者によるメーリングリストなどを作成し、「そこで共有してください」とうながすこともできます。いまはSNSもあるので、SlackやLINE、Chatwork、Facebookなどを活用してもいいですね。気づいたことの感想などを出してもらうだけでも、互いの気づきからさらに思考を深めることができます。

時によっては、「アクションシート」などを記入してもらって、実際の行動にどう移すかを自分で書いてもらってもいいでしょう。

しかし、**アンケートをとる場合は、何のためなのかという目的を明確にして作成する**必要があります。例えば、企業からWSを依頼されたならば、「その企業からの評価を得る」という目的に合わせたアンケートが必要でしょうし、自分自身がファシリテーターとして「次回同様のWSを行うために活かしたい」というのであれば、それに役立つ質問設定が求められます。

アンケートは必ずとらなくてはいけないものではありません。参加者の時間を使うのですから、目的を改めて考えて適した設定で行いましょう。

回 答 者
松場 俊夫

146

Q.16 WS の役に立つ参考書籍を教えて！

A. 私たちのおすすめをご紹介します！

松場 俊夫

ワークショップ
ー新しい学びと創造の場ー
中野民夫著　岩波書店

2001 年に発刊され、日本で「ワークショップ」という言葉が広く知られるようになったきっかけの書籍。ワークショップの本質がわかる。

ホールシステム・アプローチ
ー1000人以上でもとことん話し合える方法ー
香取一昭ほか著　日本経済新聞出版社

ワールドカフェ、OST、AI など、WS のさまざまな手法が学べるだけでなく、ダイアログとは何か？という本質を理解したい人にも。

実践 人間関係づくりファシリテーション
日本体験学習研究所監修、津村俊充ほか編
金子書房

ファシリテーターとしてのあり方からスキルまで、さまざまなエクササイズを通して、体験から学べるようになっている実践書。

プロファシリテーターの
どんな話もまとまる技術
田村洋一著
クロスメディア・パブリッシング

ファシリテーターだけでなく、チームリーダーとしてステップアップしたい人、プロジェクトで成果を出したい人にもおすすめ。

広江 朋紀

参加型ワークショップ入門
ロバート・チェンバース著、野田直人監訳
明石書店

独自のユーモラスな視点で書かれる、ワークショップを双方向にする方法が明快。「ワークショップでする 21 の失敗」などおもしろい。

対話型組織開発
ーその理論的系譜と実践ー
ジャルヴァース・R・ブッシュほか編著、
中村和彦訳　英治出版

なぜいま対話なのか？　対話によって何が変わるか？　組織開発のフロンティアたちの知見が凝縮。場づくりの人、必携の「哲学書」。

なぜ、あのリーダーは
チームを本気にさせるのか？
ー内なる力を引き出す「ファシリーダーシップ」ー
広江朋紀著　同文舘出版

いまの時代に求められるファシリテーター型リーダーシップの高め方と職場での実践法を解説。ワークショップシーンも多数収録。

他者と働く
ー「わかりあえなさ」から始める組織論ー
宇田川元一著
NewsPicks パブリッシング

現場で起きる「わかりあえなさ」から始まる諸問題を対話で解こうとする骨太な理論に基づいた実践書。対話の本質をつかみたい人に。

東 嗣了

持続可能な地域のつくり方
ー未来を育む「人と経済の生態系」
のデザインー
筧裕介著　英治出版

SDGs を持続可能な地域づくりに落とし込み、豊富な事例や具体的なワークショップデザイン手法が描かれている。

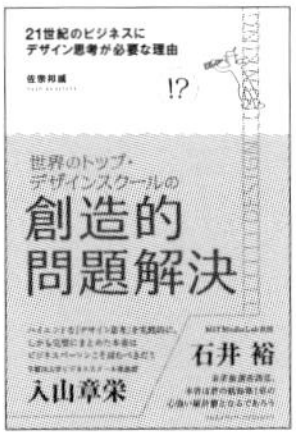

21 世紀のビジネスにデザイン思考が必要な理由
佐宗邦威著
クロスメディア・パブリッシング

論理的思考の世界観から、デザイン思考への転換。これからの時代に必要なイノベーション創出や問題解決のアプローチが学べる。

東 嗣了

SDGs ビジネス戦略
ー企業と社会が共発展を遂げるための指南書ー
ピーター・D・ピーダーセンほか編著
日刊工業新聞社

SDGs が生まれる前から、サステナビリティを日本で啓蒙していた著者。SDGs を経営に統合していく具体的な手法が豊富。

生き物としての力を取り戻す 50 の自然体験
ー身近な野あそびから森で生きる方法までー
カシオ計算機株式会社監修、
株式会社 Surface&Architecture 編
オライリー・ジャパン

大人も子どもも楽しめる五感を使った自然体験の手法が満載。自然への敬意と人間が本来持っている生きる力を取り戻してくれる本。

児浦 良裕

クリエイティブ・ラーニング
ー創造社会の学びと教育ー
井庭崇編著、鈴木寛ほか著
慶應義塾大学出版会

ワークショップの根底にある「創造する学び」の概観をつかむことができ、開発された全パターンランゲージが掲載されている。

Social Action Handbook
ーテーマと出会い・仲間をつくり・アクションの方法を見つける 39 のアイデアー
開発教育協会編　開発教育協会

仲間・社会課題と出会うためのワークショップや、ソーシャル・アクションの具体的方法を 39 のアイデアにまとめたすぐれ本。

システム×デザイン思考で世界を変える
ー慶應 SDM「イノベーションのつくり方」ー
前野隆司編著　日経 BP

イノベーション創出のための方法論、システムデザイン・マネジメントの考え方や手法、活用事例がぎっしり詰まったテキスト。

戦略を形にする思考術
ーレゴ® シリアスプレイ® で組織はよみがえるー
ロバート・ラスムセンほか著　徳間書店

レゴを使って抽象的な思考を可視化し、ビジョンや解決策を明確化できるレゴ® シリアスプレイ® は、ワークショップに命を吹き込む。

ワークショップ探検部
ミーティング

なぜ
ワークショップが
いま求められて
いるのか

ファシリテーターは
花を咲かせる人

広江　長年、研修やセミナーなどを行ってきましたが、WSを多く提供するようになり、「ファシリテーター」という役割がこれまでの研修講師といかに違うかを日々感じます。

研修講師には、答えがある。「こういうゴールに参加者を持っていきたい」という意図や伝えるべきメッセージがあり、マニュアルやタイムラインも明確です。時間内に、目指す到達点まで参加者を導いていかなければいけません。

その一方で、**WSは問いやプロセスは準備していても、その最中にどんな話し合いが出るのか、何が起こるか、どんな答えに達するかはわからない。その流動性のある場を運営していくのが、ファシリテーター**ですね。

松場　私たちはよく、ファシリテーターは「**場をホールドする人**」といいますよね。大きく腕を開いて場全体を支えている感じでしょうか。その中で参加者は自由に意見を発したり、相互作用したりするのですが、**場全体を見守りながらしっかり保持する役割です。**

東　参加者が持っていない経験値やスキルを提供するのが、講師。ファシリテーターは、参加者が持っているものをいかに引き出し、融合していくか。いかに気持ちよく引き出せるかが重要

ですよね。

つまり、参加者が安心して「自己表現したり意見を言ったりしていいのだ」、「ここにいていいのだ」と思える場づくりですね。私たちはそれを「**安心安全の場をつくる**」とよくいいます。**それがファシリテーターの最優先の任務**なのです。参加者が不安になったり、自分は場違いだと思ったりすると、殻の中に閉じこもってしまいます。

ファシリテーターは、「魔法をかける」とか「花を咲かせる」マスターであるべきだといつも心に刻んでいます。

松場　あと、私はよく「**ファシリテーターって、おせっかい焼き**」と言います。なかなか声を出せない人がいれば寄り添って少しサポートし、意見が出れば「いいね、いいね」と盛り上げ、本人も気づいていないかもしれない可能性を引き出してあげる。ちょっとおせっかい焼きなのです（笑）。

児浦　学校では、先生がファシリテーター役を務める場合がほとんどですが、するとどうしても先生vs生徒という普段の構図から抜けられないことがあります。生徒が、正しい答えを探して言おうとしたり、先生の顔色をうかがったり。

生徒が意見を言いやすい「安心安全の場」をつくるために、**生徒にファシリテーターをやってもらうこともあります。**意見を尊重する、批判をしない、発言が終わるまで横やりを入れな

い、などのルールをあらかじめ共有
し、何度か WS を経験していれば、中
高生でもファシリテーターはできます
よ。

松場　そんな安心安全の場づくりのた
めにも、ファシリテーターは入念に事
前準備する必要がありますね。

● ファシリテーターとは？

・参加者にとって安心安全の場を提供
　する
・参加者が持っている力や可能性を引
　き出す
・参加者に魔法をかけ、花を咲かせる
・参加者が気持ちよく発言したり、WS
　ができるようにするおせっかい焼き

依頼主や協力者からの
入念なヒアリング

松場　**WS が成功するかどうかは、8〜
9 割は準備で決まるといっても過言で
はありません。**

　まずは、**WS を依頼してきた企業の
担当者からのヒアリングを入念に行う**
ことにしています。抱えている課題、
問題意識、WS の意図などから始まり、
参加者の母体やバックグラウンドなど
も聞きます。

東　**参加者のモチベーションなどの心**

理状況や、**参加者間の関係性などもヒ
アリング**します。社内の研修だと「上
に言われたから仕方なく来た」という
参加者も多くいますよね。みんなが前
向きでなくてもかまわないのですが、
事前に知っておいたほうが、準備がで
きますね。

広江　私もそうやってヒアリングした
情報に加え、依頼主が B to C ビジネ
スをされている会社の場合には、**必ず
ユーザー体験**をします。食品であれば
食べてみるとか。その企業が持ってい
る世界観をより深く理解できるだけで
なく、**WS の冒頭などにその体験談を
伝えると、参加者との距離感が縮まる
のです。**

児浦　学校では、生徒を対象にしてい
ることが多いので、依頼主というのは
いませんが、やはり一緒に WS を行
う先生たちと目的を確認し、生徒たち
をどうチーム分けするのかなどに気を
つけます。

東　WS の冒頭には、たいてい主催者
側がファシリテーターの紹介をしてく
れますが、そのやり方をリクエストす
ることもあります。「○○研修をして
くださる東先生です。みなさんしっか
り学んでください」とか言われてしま
うと、場の空気が凍りますよね。

　**今回の WS をなぜ行うのかを説明
するとともに、なぜ必要だと思ったの
かをその人個人の声として一言語って
もらうと、参加者も鎧を脱いで心を開
きやすくなります。**

「これからリーダーシップ研修を行いますが、私も管理職になって迷うことがありまして、そんなとき……」なんていう話をしてくださると、参加者も必要性を感じてくれて、WS に入りやすいですね。

● 依頼主から事前に
　ヒアリングしたいこと

・WS をやりたいと思った問題意識、
　課題
・WS の目的
・参加者の母体、構成
・参加者のバックグラウンド
・参加者の心理的状況、モチベーション
・会場となる場所の状況

場所、モノは、事前に完璧チェック

広江　会場のチェックも事前に行います。スライドやホワイトボードなどの設備はもちろん、同じ会議室でも、**窓があるかどうかで雰囲気も異なってきます。**

児浦　**セミナールームや教室だとよく演壇や舞台がありますが、それには基本的に乗らないことにしていますね。壇上から話をすると、参加者に圧迫感**を与えてしまう。演壇や舞台がある場合は、それが邪魔にならないようにどこからどうファシリテーションするかも考えますね。

松場　私も会場を下見するときは、窓のほかにも柱の位置、椅子や机の種類なども確かめます。**机を途中で動かすような WS であれば、それが動かしやすいものかどうか、どのように操作するのかも試しておきます。**サッとレイアウト替えをする予定が、5 分も 10 分もかかったら場の空気が変わってしまいますからね。

あとは、WS の小道具以外にも、ベルやストップウォッチも必ず持っていきます。私はベルの代わりに、エナジーチャイムという優しい音色のする楽器などを使っています。笛やタイマーの「ピピピ」という音だとなんだか味気ないですし、それでさえぎられると参加者もいい気分はしないですよね。心地よい音の出るものにしています。

広江　私はときどき参加者に「サプライズ」を事前に仕込むこともあります。長時間にわたる WS であれば、参加者がつまめるお菓子。そのお菓子も、依頼主や参加者によって変えます。

次世代リーダー研修のような WS であれば、選ばれた精鋭が集められるということを匂わせるインビテーションカードを作って事前に配布したことも。社内の期待がかかるプロジェクトなどの場合には、参加者に内緒で社長

の応援メッセージを動画に撮っておいて、流したこともあります。そうしたちょっとしたサプライズも、参加者の気持ちを前向きに変えてくれますよね。

ファシリテーターの立ち居振る舞い

東　WS の服装は、参加者の母体にもよりますが、**基本的にはビジネスカジュアル**にしています。**見た目で「先生が来た」と身構えさせず、柔らかい雰囲気の中で受け止めてもらえるように。**「なんだか気楽にできそうだ」と安心感を演出できますよね。

広江　私も、服は TPO で選ぶとはいえ、ネクタイをビシッと締めていくことは WS のときはほぼないですね。依頼された会社の社風や雰囲気に合わせるようにしていますが、例えば紺スーツにネクタイが当たり前という場合には、それより少し緩い服装をするようにしています。でも、**清潔感と"ちゃんと感"は失わないようにしていますよ。礼儀ですよね。**

　ちなみに、あえてネクタイをしていくときも実はあるのです。例えば冒頭に、みなさんの前でネクタイを外し、「今日はみなさんとじっくり対話をしたいので、堅苦しいことはなしにしましょう。僕は、ネクタイを外しますので、みなさんも胸襟を開いてどんどん

本音で話してください」とデモンストレーションに使ったりします（笑）。

児浦　それはいいですね。私も、WS のときは普段の授業の「先生」とは違って、「君たちと同じ立ち位置だよ」と見せるために、スーツのジャケットを脱いだり、袖まくりすることがあります。

東　あとは、開始前に参加者が会場に入ってきたとき、みなさんに挨拶したり、歩き回って話しかけたりするようにしています。そのことで相手の雰囲気もわかり、個として意識し合えるのです。

松場　接し方として心がけているのは、全体をぼーっと見るよりも**一人ひとりの方と順番に目を合わせるようにすることですね。できるだけ長めに。**自分が話している間、1 人あたりワンセンテンスくらいの長さで見ていると、参加者も「この人は自分の話を聞いてくれそう」という気持ちになってくれます。

WS 中の"想定外"を想定内にする

広江　WS は、自由な対話をうながすとはいえ、きちんと進めていくためには時間配分を含めたタイムラインづくりやシミュレーションは不可欠ですよね。映す予定のスライドなども必ず事前にチェックします。それでもうまく

動かないこともありますからね（笑）。

松場　事前にしっかり依頼主からヒアリングし、関係をつくっておくことで、シミュレーションできます。**どんな参加者が来て、どんな発言が出るのか。どんな障害があり、どうなりたいと思っているのか。「最悪のケース」と「最高のケース」を考えておきます。**

私の場合、アメフトを長くやっていた影響もあるかもしれないですね。アメフトは、すべて事前に戦略や戦術を準備するスポーツで、過去の相手チームの戦略や特徴から相手のコーチの性格まで調べて、分析します。

準備の段階では、最高と最悪のケースを考えておいて、最高のイメージで終わるのがベスト。でも、最悪も考えておけば、実際にそうなっても焦りません。答えが決まっていないWSだからこそ、シミュレーションは重要です。

児浦　子どもたちを相手にWSを行う場合は、事前にテーマを伝えて考えておいてもらうこともあります。自分の考えが、WSのBeforeとAfterでどう変わったか実感できるからです。子どもの場合には、そうした変化があったほうが胸にストンと落ちるようです。

東　どんなに準備やシミュレーションをしても、その場の参加者と空気感で、何が生まれるのか、どうなるのかは見えません。ネガティブな意見やフ

ァシリテーター・アタックと呼ばれるような攻撃的な態度が見られることももちろんあります。

しかし、それを**怖がるより、ネガティブな内容であっても感情や意見を表明してくれることに感謝し、その背後にある願いや不満を感じとるようにしています。「表現が苦手なだけなのかもしれない」と思ってあげると、マイナスな意見でも受け止められますよ。**

広江　そうですね。WSをやっている間は**ファシリテーターは1人であっても、1対参加者という感覚はないのです。**参加者や依頼主とともにダンスをしている感覚です。

場を動かすのはファシリテーターであっても、**見えない外部支援者がたくさんいるのです。一緒に思いを共有していくことが大事**ですね。

松場　**私もその場にいない、見えない人々のことも意識し、配慮するようにしています。**依頼主、紹介してくれた研修会社の社員や担当者、さまざまなステークホルダー……。

スポーツ選手の場合には、本人以外にもスポンサー企業、コーチ、チームメイト、ライバル、そして応援してくれるファンや観客。目に見えない存在も気にしながら、WSを進めています。

WSの場だけで終わりではなく、その先にあるものをイメージしながら準備できるといいですね。

💬 「いま、ここ」で創発される価値

広江 これまでさまざまな研修やWSの依頼を受けてきましたが、ここ10年くらいでニーズが変わってきたのを感じます。以前は、会社の方針や特定のスキルなど「知識を伝えてほしい」というものだったのが、近年は「参加者同士の交流や対話をうながしてほしい」という要望になってきました。

これは、**テクノロジーやネットなどの普及で、ほしい知恵や知識、スキルなどは、個人でいつでもどこでも得ることができるようになったことが大きな要因だと思っています。だからこそ、みんなが集まったときにその場でしかできないことを大事にしようということなのでしょう。**

東 学びたい情報は、ネットにも本屋にもあふれていて簡単に手に入りますよね。しかしながら、近年私たちが抱えている多くの社会課題は情報だけでは解決できない。**情報量の違いだけでは、解決したり新しいものを生み出したりするのが難しい世の中になってきているのです。だからこそ、みんなで生み出すことへの価値に期待が高まっていますね。**

松場 社会で抱えている問題に対して、明確な答えのない時代になり、いままでの価値観が通用しなくなっています。過去の成功体験では解決できない時代だからこそ、企業にしてもトップダウンではなくボトムアップでビジョンを生むことが求められています。

これまではトップが考えたビジョンを下に伝達するような研修が多くありました。しかし、**いまは「シェアードビジョン（Shared Vision）」の時代**。一人ひとりが自分の考えを出し、それをビジョンとしてまとめ、共有していくボトムアップ型です。とても象徴的な変化だと思います。もはやトップですら明確な答えや戦略を提示できない時代なのです。

広江 **WSは、ただ単にこれまでの研修を置き換える代替案ではありません**。従来のマネジメント研修やリーダーシップ研修だと、教えなければいけないことがあるので、完全にWSに置き換えようとすると難しい。

一方で、人事主体の研修だけでなく経営企画や広報などにもWSが取り入れられるようになったのは、やはり**これまで額縁に入っていたような経営理念や企業バリューを、社員一人ひとりがいかに自分ごとに置き換えるのかを考える必要が出てきたから。そして、次世代につながるまでのビジョンが必要になっている。**そうした経営理念やバリューさえ、ゴールではなく一人ひとりへの問いにもなっているのです。

児浦 いまやネットで授業を受けたり、単位を取れたりする学校も増えてきています。そうなると、みんなが集

まる本来の学校というのは何なのだろう？　どんな役割があるのだろう？　という根本的な問いが生じつつあります。

生徒は大人以上に、自分とは異質な存在と関わることで大きくブレイクスルーします。そうしたさまざまな人と出会うリアルな場をどう設計するのかということが求められているのだと思います。

「いま、ここ」の価値が高まっているわけです。みんなが集まったこの空間でだけ創発されるものの価値ですよね。

若い世代にとって ライバルは仲間

松場　若手の社員やアスリートなど、若い世代のためのWSも担当しますが、世代による変化は感じます。それはいい悪いではなく、時代の変化なのだと思います。

最近では、個人競技でもチームビルディングのWSをよく行います。私が担当してきたのは、モーグルや卓球、柔道などですね。

チームスポーツではチームビルディングは当たり前でしょうが、個人競技では少ない代表枠を取り合ったり、大会で表彰台を争ったりしていたライバルがチームメイトになるんです。柔道や卓球などでも、オリンピックや世界選手権でチームジャパンとして出場します。チームとしての意識づけが重要なのです。

さらに、**「チームのためにがんばる」という意識を持ったほうが、個人戦でも力を発揮できることもわかってきました。**その代表的な例が水泳で、10年以上前から大会前のチームビルディングに力を入れてきたことが、結果につながっているといわれています。

個人競技でも、仲間のためにがんばり、そして仲間から力をもらうのですよね。若い世代にとって、ライバルは「リスペクトし合い、高め合う仲間」なのです。

児浦　それはすごくわかりますね。受験についても、私たちの学生時代は互いに「全然勉強してないよ」と言いながら実はこっそりやるようなライバル意識がありましたが、**いまの生徒はピアコーチングをすると受験でよい結果を出したりします。**

ただ、そうした仲間意識により話し合いなどが穏やかに終わる反面、意見をぶつけ合おうとしない面もありますね。きれいに話し合いをまとめてしまいそうになる。

松場　そうですね。私も若手研修で互いの発表などにフィードバックすることに躊躇する様子をよく見ます。あまり何かを指摘される経験をしていないのかもしれません。

そういうときには、フィードバックの例を出します。「〇〇さんがあの場

面で本音を言ってくれて、とてもうれしかったよ」といったポジティブな例ももちろん出しますが、ネガティブな例も必ず入れます。「さっき私が話しているとき、○○さんが興味なさそうにそっぽを向いていたのが、実はショックだったよ」とか。その際、事実をベースに気持ちを伝えることが大事だと説明します。そうすれば、フィードバックされる側はすんなり受け止められるからです。

そうして例を見せてあげると、こうやって言っていいのだとわかるんですね。すると、どんどん意見が出てきます。

ファシリテートやWS が日常になる

広江　最近増えている依頼が、「ファシリテーターを育てる」WS です。必ずしも WS を行う人を育てたいというわけではありません。**人が持っている可能性や強み、本音、弱みを引き出してあげられるようなファシリテーターの役目を務められる存在が、さまざまな場所で求められているのです。**会議だけでなく、日常のチームマネジメントも含めてです。

従来のマネジャーは、答えを持っていました。自分ががんばっている背中を見せ、部下を育ててきました。しかし、**これからはメンバーの特質や声を**引き出すファシリテーター型リーダーシップが必要となっています。メンバーから引き出したものを、組織の知恵や価値に変換していくのです。

もちろんすべてを受容する必要はなく、間違いを正すときには毅然としたリーダーシップが大事ですが、ファシリテートという役割が自覚的に選択できることが重要なのです。

● ファシリテーター型
　リーダーシップとは？

メンバーの持っている可能性や強み、本音、弱みを引き出し、それを組織の知恵や価値に変換すること。

東　さらに、自分たちの組織だけで課題解決できていた時代から、いまはステークホルダー、行政、市民、NPO などと対話していかなければ解決に向かえない時代になってきました。社会的課題がビジネスに結びつくようにもなっています。

以前は感情より論理といわれていましたが、**もはや感情も個人も度外視できない時代なのです。そうしたときにWS や、ファシリテートできる人材が大きな役割を担っていきますよね。**

広江　確かに WS では、あえて感情を扱うことが多いです。どう思っているのか、どう感じているのかをさまざ